KB135424

전인적인 독립운동가

한용운

| **김광식** 지음 |

만해 한용운, 그는 누구인가? 한용운은 파란만장한 근대기의 우리 민족이 가야 할 가시밭길을 헤쳐가며 걸어간 위대한 독립운동가로 지성, 감정, 의지를 균형 있게 갖추어 원만한 인격을 지닌 전인적全人的 지성인이다.

만해가 이 땅을 떠난 지 어언 70년, 이제 우리는 만해의 행적과 정신을 재조명해야 할 시점에 직면한다. 만해의 관점으로 그가 살았던 식민지 시대 그리고 남북으로 분단되어 이념갈등이 심화되고, 집단 이기주의 속에서 지조와 지성이 사라지고 참다운 지식인을 찾기 어려운 이 시대의 본질을 살피려고 한다. 즉 '만해의 정신으로 시대를 읽자'는 메시지를 전한다.

우리는 한 사람의 일대기를 왜 읽는가? 그 독서를 통해 우리에게 남는 것은 무엇인가? 이에 대한 답변은 다양하다. 일반적으로 우리는 일대기를 통해 그 사람을 이해함과 동시에 그가 살았던 시대를 알 수 있다. 그러나 일대기의 읽기는 여기에서 머물 수 없다. 우리는 그 인물의 고뇌, 좌절, 도전, 극복, 성취라는 역사를 통하여 그 사람을 모방하려는 잠재의식이 깔려있다. 달리 말하면 그 인물의 따라가기다. 필자는 독자들이 자신의 삶과 만해를 한번쯤 비교하기 바란다. 또는 만해의 정신을 통해 자신을 점검하고, 그의 관점으로 우리가 살고 있는 현실과 시대를 읽어보기를 권한다. 이런 연유로 이 책의 주제를 '만해정신으로 시대를 읽자, 그리고 나를 보자'라고 제시한다.

한용운에 대한 연구는 1970년대부터 본격화되어 지금은 다양한 분야에서 연구가 심화되었다. 현재는 만해 관련 성과물이 무려 1,000여 건에 달할 정도이며, 한국 사람이면 '한용운'과 '님의 침묵'을 모르는 사람이 없을 정도로 유명해졌다. 여기에서 한용운에 대한 호칭 및 수식어를 살펴보면 '만해 한용운'은 불교, 문학, 독립운동, 사상, 문화, 예술 등을 망라한 거대한 산맥임을 알 수 있다. 필자가 찾아낸 그 대상은 스님(승려), 큰스님, 선사, 대선사, 선승, 선학자, 대종사, 대학승, 선교쌍수의 종장, 불학佛學의 석덕碩德, 시인, 큰 시인, 민족시인, 문학가, 문장가, 대문장가, 저술가, 대저술가, 소설가, 근대시의 개척자, 근대 시문학의 선구자, 문단의 거벽, 사상가, 예술가, 실천가, 대학자, 애국자, 독립투사, 독립운동가, 민족주의자, 스승, 행동인, 행동하는 지성인, 혁명가, 불교인, 개혁승, 불교개혁자, 혁신적인 불교인, 종교지도자, 종교운동가, 사회운동가, 선구자, 선도자, 선각자, 민족의 애인, 민족의 스승, 민족의 사표,

선생, 지사, 고사高士, 선비, 전인全人, 영웅 등이다.

지금껏 한용운의 자료집과 저술은 다양한 관점에서 출간되어 대중들의 만해 이해에 도움을 주었다. 『한용운전집』이 1973년에 간행되었을 뿐만 아니라, 『님의 침묵』 재발간, 생애와 일화를 다룬 평전, 일대기, 기고문 및 수필을 묶은 편저 등이 속출하였다. 그리고 『조선불교유신론』, 『불교대전』, 『유심』, 『불교』, 『선원』 등 만해와 관련되는 자료들도 개별적으로 영인 혹은 번역되었다. 학회지 성격의 『한용운사상연구』·『만해학보』·『만해학연구』가 발간되었으며, 만해문학상(창작과 비평사)도 1974년에 제정되었고, 만해사상연구회가 1980년에 결성되었다. 한용운의 생애, 사상, 행적을 전시하는 전시관인 만해기념관(백담사, 남한산성), 만해문학기념관(만해마을), 만해체험관(홍성)도 문을 열었다.

한편 만해에 대한 관심은 학문적인 차원에서 뿐만 아니라, 문화·이벤트까지 포괄적이다. 백담사를 중심으로 만해사상실천선양회가 발족하여 만해를 문화적, 사상적 차원에서 접근하려는 실험이 지속되고 있다. 예컨대 만해축전 개최, 만해대상 시상, 만해 백일장 개최, 만해 심포지엄은 그 실례다. 그리고 만해마을(동국대)이 조성되어 만해가 이 시대의 문화적인 화두로 굳건히 자리 잡았다.

필자는 만해라는 문화적 화두의 등장을 기하여 이 책을 집필하였다. 이제는 만해라는 화두를 풀면서 고민한 일정한 기준을 대별하여 제시하고자 한다.

첫째, 영웅시 되고, 신비화된 절대자 만해에서 벗어나 인간 만해를 그리고자 한다. 만해 연구가 본격화 된 지 30여 년이 지나면서 만해에 대한 접근, 이해, 연구는 그에 대한 찬양, 흠모, 절대성 부여 등이 자리 잡았다. 그의 위대함을 부인하는 것은 아니지만 그의 인간적 면모를 그려가고자 한다. 그도 희로애락을 느낀 인간이었으며, 어찌 보면 지나치다 싶은 면, 납득하기 어려운 행적을 갖고 있었다.

둘째, 만해의 독립운동가 성격을 유의하고자 한다. 기존의 연구, 서술은 주로 문학적인 공간에서 이루어졌다. 이는 그가 남긴 수많은 시, 소설, 시조, 한시, 수필 등을 중요시한 문학인들의 조명이다. 그러나 그는 기본적으로 승려였고, 그가 활동한 주 무대는 불교계였음을 고려하면 이 같은 불균형은 납득할 수 없다. 우리가 다시 한 번 생각할 것은 만해는 불교의 테두리를 벗어난 인물이라는 점이다. 즉 문학적인 시각에서 보는 것도 문제이지만, 불교적인 시각에서만 보는 것도 문제이다. 요컨대 필자는 만해의 전체적인 활동상을 조명하되, 여기에서는 독립운동가의 측면을 유의했다.

셋째, 만해의 다양한 활동을 조명함에 있어 철저하게 자료중심의 서술, 객관성을 유지하고자 한다. 추후, 만해 연구는 더욱 더 다양한 관점에서, 다양한 분야에서 심화될 것이다. 그리하여 자연스럽게 만해학이 정립될 것이다.

지금껏 제시한 기준이 이 책의 구체적인 집필 과정에 얼마나 반영되었는가에 대한 비판은 필자가 감당한다. 미진한 점은 지속적인 '만해공부'를 통하여 보완해 나가고자 한다.

2015년 12월

김 광 식

차례

의인이 되겠다는 뜻을 키우며

만해萬海 한용운韓龍雲은 한국인이다. 그 중에서도 위대한 한국인이다. 우리가 한용운을 이야기할 때 반드시 거론되는 말은 3·1운동의 민족대표, 「님의 침묵」이라는 시다. 그는 당시 충청남도 홍주군 주북면 옥동玉洞에서 태어났다. 지금 홍성읍의 대교동이다. 이는 만해의 자필 이력서와 승적부에서 확인한 것인데, 지금껏 생가로 전하고 있는 결성면 성곡리는 그의 3·1운동 민족대표로 인해 일제의 감시를 피한 만해의 형 윤경이 피신하여 이주한 곳이다. 그곳은 만해 집안의 선산이 있었던 곳이 아닌가 한다.

만해가 홍성에서 태어난 시점은 1879년 8월 29일이다. 그는 청주 한씨인 아버지 한응준韓應俊과 어머니 온양 방씨方氏 사이의 6남으로 태어났다. 그가 태어난 해는 조선왕조의 마지막 왕 고종 16년으로 조선왕조가 내우외환, 서세동점이라는 격변을 치르던 시기였다. 만해가 태어나

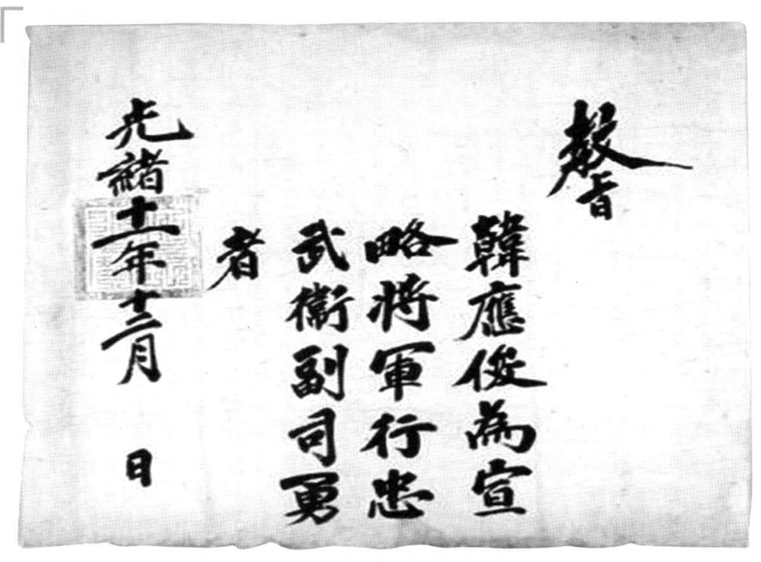
敎旨
韓應俊爲宣略將軍行忠武衛副司勇者
光緖十一年十二月 日

만해의 부친 한응준이 받은 교지　만해 집안이 양반출신임을 알려준다.

기 3년 전인 1876년, 조선도 굳게 닫고 있었던 문을 열었다. 이 개항은 단순히 '항구를 열었다'는 이상의 역사적인 의의가 담겨져 있다. 그것은 조선이 세계 자본주의 구도에 합류됨과 일제 침략의 첫발걸음이었다. 이러한 현실은 민족운동이 반봉건주의, 반제국주의 이념을 구현해야 하는 역사적 과제에 직면하였음을 말해준다. 여기에서 만해의 출생에는 이러한 시대적인 고민이 개입됨을 알 수 있다.

만해의 가계 및 신분은 자료와 구전을 종합하면 몰락한 양반의 신분이었다. 이에 대한 근거는 만해 집안에 보관되었던 교지와 전령에서 찾

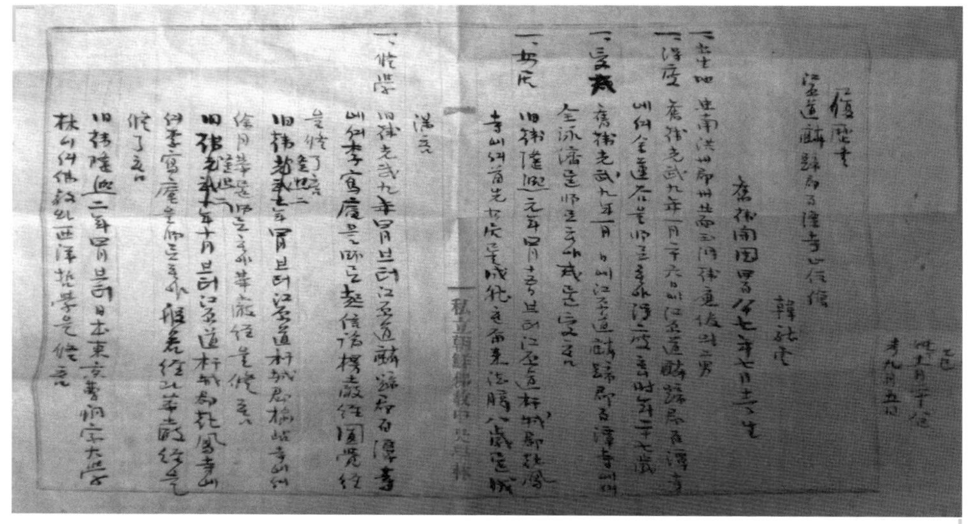

한용운의 이력서　출신지가 홍성군 주복면 옥동으로 나온다.

을 수 있다. 고종 22년(1885)에 조정에서 한응준에게 내린 '판하사목判下事目'에는 한응준이 조선 태종시의 공신인 한명회의 19세손이며 충훈부 도사로 나온다. 즉 공신의 후예였다. 현전하는 만해 선대의 문서를 고려하면 그의 집안은 몰락한 양반의 품격은 가졌다. 만해의 할아버지 대에는 적지 않은 재산(농토)을 가졌다. 그래서 만해의 유년시절 동리 사람들은 그의 집을 '한초시댁'으로 불렀다.

그러나 만해가 태어난해 집안은 양반으로서의 권위에서 점차 이탈되었고 아버지 대에는 몰락한 양반이었다. 만해는 이런 배경에서 유년시절을 보냈다. 집에는 부모뿐만 아니라, 19살이나 나이가 많은 형 한윤경의 부부와 조카가 함께 살았다고 한다. 최근 발굴된 승적부에 만해가 육남으로 나오지만, 그 위의 형들의 행적에 대해서는 알 수 없다.

만해의 유년시절의 이름은 유천裕天이었다. 그의 아버지는 몰락한 양반이었지만, 그래도 유교의 소양을 갖고 있었던 지식인이었다. 그는 늦게 얻은 아들에 대한 기대가 컸기에, 만해를 서당에 보내 한학을 배우게 하였다. 더욱이 홍성 일대의 남당유학은 조선후기 이래 상당한 전통을 갖고 있었다. 남당 유학은 남당南塘 한원진韓元震(1682~1751)이 홍성군 서부면 남당리에 칩거한 계기로 그의 영향을 받은 호서지방의 유학을 지칭한다. 그의 사상은 이율곡, 송시열로 이어지는 계보에 서 있었는데 호서 유학자들에게 큰 영향을 끼쳤다. 화이론華夷論과 척사론斥邪論이 강렬한 남당 학풍은 홍성 의병(1895~1896)을 이끈 김복한, 임한주, 이설에게 계승, 구현되었다. 때문에 만해의 한학과 항일정신의 연원도 남당학풍의 구도에서 바라볼 수 있다. 때문에 지방의 서당이지만 한학의 수준은 간단치는 않았다. 만해가 입산 이후 불교의 지식을 조속히 흡수할 수 있었던 것도 유년시절부터의 한학의 수학에서 가능했다.

만해는 5세 무렵부터 한학을 공부하였다. 그의 한학 이수는 전통적인 과정을 따라서 진행되어 『천자문』, 『동몽선습童蒙先習』, 『소학』 등을 차례로 마쳤다. 구전에 의하면 만해의 유년시절의 한학 공부는 탁월하여 만해의 집은 '신동집'으로도 불렸다고 한다. 여기에서 만해는 미래를 준비할 수 있는 인문학적 소양을 체득하였음을 알 수 있다.

8세 때(1886) 홍성읍으로 이주하였다. 이는 그의 부친이 홍주목(홍성)의 아전 군속으로 취업되었음에서 비롯되었다. 이로써 그의 일가는 충남의 중심적 도회지 홍주목의 남문리로 이주하였다. 그것은 할아버지인 한영우가 훈련원 첨정이라는 지방 관리를 역임한 이력의 연고가 작용했다. 그리고 그의 형도 홍성 관아의 임시직으로 근무하였다. 후일 만해는 3·1운동 참가로 인한 재판 시에 자신의 고향을 홍성의 남문리로 답변하였다.

한편 그 이주를 그의 부친이 만해 공부를 위해 읍내로 나왔다는 설과의 연관성도 고려해야 한다. 만해는 명성이 높은 문수운에게 한학을 배웠다는 『신한민보』 보도기사(1922. 3. 9.)도 홍성에서 새로운 공부를 반영한 것이 아닌가 한다. 만해는 홍성의 서당에서 한학을 지속적으로 공부하면서 『통감通鑑』, 『서상기西廂記』, 『서경』, 『대학』 등을 배웠다. 공부에 대한 정열은 치열하여 책을 독파하고, 내용에 대한 설명인 주注를 통달하고, 심지어는 그 주가 마음에 들지 않는다는 의사도 표시하였다. 10살 전후에 만해는 이미 한문에 문리가 텄다는 증언도 있다. 그는 10살까지 서당에서 공부하였지만, 그 이후에는 자습으로 유학儒學을 배웠다. 서당 공부의 중단 이유는 알 수 없다. 그 무렵 유천이 너무 센 이름이라 하여 정옥貞玉으로 바꾸었다고 한다. 이렇듯 서당 생활의 중단은 홍성에서의 일시적인 고뇌이자 좌절이었다. 용솟음치던 학구열이 한창일 때의 이런 변화는 그로서는 난감하였을 것이다. 그러나 그는 자습으로 공부를 지속했다.

그의 천재성은 홍성 일대에 소문이 날 정도였다. 그가 중년 시절에 지은 수많은 한시의 토양이 10대 시절의 공부에서 이루어졌다. 이러한 배경에서 그는 18살부터 서당 훈장을 할 수 있었다. 또한 그는 유년시절부터 담력이 크고 기운이 장사 같았다는 평을 들었다. 그의 천재성과 담력이 대단하였음은 그가 홍성을 박차고 나와 독립운동가, 시인으로 널리 알려지면서 신비성을 더해 주게 한 촉진제였다.

홍성에서의 서당 훈장 생활은 그의 한학 실력을 일취월장케 하였으며 그의 불같은 재능도 더욱 세련케 만들었다. 이런 배경하에서 그가 나라와 민족에게 헌신하려는 마음은 부친의 보살핌에서 나왔다. 그 사정은 만해가 중년이 되어 언급한 글에 나온다.

> 고향에 있을 때 나는 선친에게서 조석으로 좋은 말씀을 들었으니 선친은 서책을 보시다가 가끔 어린 나를 불러 세우시고 역사상에 빛나는 의인 걸사의 언행을 가르쳐 주시며 또한 세상 형편, 국가 사회의 모든 일을 알아듣도록 타일러 주시었다. 이런 말씀을 한두 번 듣는 사이에 내 가슴에는 이상한 불길이 일어나고 그리고 '나도 그 의인, 걸사와 같은 훌륭한 사람이 되었으면!' 하는 숭배하는 생각이 바짝 났었다.
>
> –「시베리아 거쳐 서울로」, 『삼천리』 42호, 1933. 9.

그러나 문헌에 의한 홍성 시절에 대한 더 이상의 행적은 찾을 길이 없다. 한학 수업을 하면서 부친에게 전해 들었던 의인이 되라는 격려는 세상과 국가에 대한 관심으로 이어졌다. 그는 자연적으로 보다 넓은 세계에 대한 동경을 갖게 되었다.

그의 나이 17세(1895)에 전통적인 관행에 의한 결혼을 하였다. 추측컨대 17세의 결혼은 유교적 가치관을 어느 정도는 따랐음을 말한다. 부친이 동학혁명의 와중에 관군으로 활동하다가 1895년에 사망했다는 우울한 집안 분위기를 변화시키려는 모친의 뜻도 개재되었을 것이다. 그가

18세에 서당 훈장을 한 것도 부친 사망, 집안의 재건과 맞물려 있었다고 보인다.

만해의 부인 전정숙全貞淑은 홍성군 홍주면 학계리 출신으로, 만해보다 두 살이 어렸다. 그러나 그의 결혼생활은 보통 사람과는 달랐다. 자신의 처지, 미래에 대한 갈망, 급변하는 세상에 대한 답답함으로 많이 고뇌를 하였다. 그래서인지 객줏집에 드나들며 술을 마셨으며, 거기에서 세상 풍문을 전해 들었다.

그는 서당 선생, 그리고 지아비의 역할에 만족할 수 없었다. 그는 소년시절부터 가슴에 품어온 것, 즉 훌륭한 사람이 되어 보겠다는 꿈을 저버리지 않았다. 청소년 시절 홍성에서 배운 유교적 지식, 한문의 소양, 부친에게 들어서 체득한 국가와 사회를 위해 헌신하라는 당부 등이 그의 자아의식으로 수용되었다.

그는 의인, 걸사와 같은 훌륭한 사람이 되고자 하는 강렬한 자의식을 어떤 형태로 표출시킬 것인가에 대한 결단을 준비하였다.

도전, 입산 출가하다

만해는 홍성에서 웅크리고 세월과 세상을 기다릴 수 없었다. 그가 홍성을 떠난 최초의 시점은 정확치 않지만, 훗날 자신의 회고에서는 18살, 혹은 19살이라고 하였다. 그가 고향을 떠난 이유는 무엇인가. 이유는 간단치가 않았다. 그에 대한 해석은 홍성에까지 미친 당시 나라의 혼란, 부친의 동학군과의 관련, 자신의 뜻을 펼치려는 웅지, 어수선한 세상의 실체를 모르고 고향에만 있을 수 없는 갑갑함의 이탈 등이 맞물려서 나왔다고 보인다. 이런 제반 정황을 이해하기 위해서 우선 그 자신의 회고에 나오는 연유를 살펴보자.

> 뜻을 품고 내가 서울을 향하여 고향을 떠나기는 열여덟 살 때이다. 그때 나는 서울이 어디 있는 줄도 모르고, 그저 서북쪽으로 큰길만 찾아가면 만호 장안이 나오겠지 하는 막연한 생각으로 떠났다. 그러면 지금부터

西伯利亞거처서울로

韓龍雲

뜻을 품고 내가 서울을 향하야 고향을 떠나기는 열여덟살때이다。 그때 나는 서울이 어듸잇는줄도 모르고 그저서북쪽으로 큰길만 차저가면 만호장안이나지겟지 하는 막연한 생각으로 떠낫다

그러면 지금부터 삼십년 전인 그때 시골구석에 무쳣든 나이 어린소년은 무엇때문에 서울로 향하엿든고?

□

내고향은 충청도홍주(洪州)다 지금은 세월이 변하여서 그일흠 조차 충청남도 홍성(洪城)으로 되엿다。 고향에 잇슬때 나는 선친께서 조석으로 조흔 말슴을 들엇스니 선친은 서책을 보시다가각금 어린나를 붙너세이시고 력사상에빗나는 의인걸사의 언행을 가르처주시며 또한 세상형편、국가사회의 모든일을 알어듯도록타일너주지엇다。 이러한 말슴을 한두번 듯는사이에 내 가슴에는 이상한 불길이 이러나고 그러고「나도 그 의인걸사와가튼 훌융한 사람이 되엇스면!」하는 숭배하는생각이 밧작 낫섯다。

그러자 그해가 바로 갑신(甲申)년의 전해로 반도의 대세가 기우러지기 시작하여서

만해가 자신의 모험적 행적을 회고한 글, 「시베리아 거쳐 서울로」(『삼천리』 42호, 1933. 9.)

나는웨僧이되엇나?

韓龍雲

一、出家의動機

나는 웨 僧이 되엇나? 내가 대어난 이나라와 社會가 나를 僧이 되지아니치못하게하엿든가 또는 人間世界의 生死病苦가튼 모든 괴로움이 나를식혀僧房에 모라너코서 永生과脫俗을 속삭이게하엿든가 대체나는웨僧이되엇나 僧이되어가지고 무엇을하엿나또무엇을어덧나 그래서人生과 社會와 時代에 對하야 엇더한 도움을하여왓나 이제爲僧된지 三十年에 出家의動機와 그동안의 波瀾과 現在의 心境을 생각하여볼때에 스사로 一脈의感懷가 가슴을업는것을 세닷게한다。

나의 故鄕은 忠南洪州엇다 只今은 世代가 變하여 고을일홈조차 洪城으로變하엿스나 그때 나는어린少年의몸으로 先親에게서 나의 一生運命을 決定할만한 重要한 敎訓을 바엇섯스니 그는國家社會를 爲하야 一身을 바치는 녯날義人들의 行蹟이엇다 그래서 매냥 先親은 스사로 그러한種類의 書冊을 보시다가도 무슨感懷가 게신지 朝夕으로 나를불너다세우고녯사람의 偉記를 가르처주엇다 어린마음에도 史上에빗나는 그분들의 氣慨와 思想을 崇拜하는 마음이생기어 엇더케하면 나도 그러케 훌융한사람이 되어보나하는 것을 늘생각하여왓다 그러자 그해가 甲辰年의 前해로 大勢의礎石이 처음으로 기울기시작하여서 서울서는무슨 條約이 締結되어 뜻잇는사람들이 구름갓치 경성을향하여모와든다는 말이 들너엇다 그때에 엇지 新聞이나 郵便이잇서서 알엇스리만은 너무도 크게 국가의 大動脈이 움지겨지는판이 되어 所聞은 바람을타고 아츰저녁으

만해가 출가하여 승려가 된 배경을 회고한 글, 「나는 왜 승이 되었나」(『삼천리』 6호, 1930. 6.)

30년 전인 그때 시골 구석에 묻혔던 나이 어린 소년은 무엇 때문에 서울로 향하였던가. …… 그제서야 이번 걸음이 너무도 무모하였구나 하는 생각이 났다. 큰 뜻을 이루다니 한학의 소양밖에 없는 내가 무슨 지식으로 큰 뜻을 이루나.

-「시베리아 거쳐 서울로」, 『삼천리』 42호, 1933. 9.

그래서 좌우간 이 모양으로 산속에 파묻일 때 아니라는 생각으로 하루는 담배대 하나만 들고 그야말로 폐포파립으로 나는 표연히 집을 나와 서울이 있다는 서북 방면을 향하여 도보하기 시작하였으나 부모에게 알린 바도 아니요, 노자도 일푼 지닌 것이 없는 몸이며 한양을 가고자 말는지 심히 당황한 걸음이었으나 그때는 어쩐지 태연하였다. ……

이에 나는 전정前程을 위하여 실력을 양성하겠다는 것과 인생 그것에 대한 무엇을 좀 해결하여 보겠다는 불같은 마음으로 한양 가던 길을 구부리어 사찰을 찾아 보은 속리사로 갔다가 다시 더 깊은 심산유곡의 대찰을 찾아간다고 강원도 오대산의 백담사까지 가서 그곳 동냥중 즉 탁발승이 되어 불도佛道를 닦기 시작하였다.

-「나는 왜 승이 되었나」, 『삼천리』 6호, 1930. 5.

위의 글에서 만해는 자신이 집을 나온 근본 요인을 뜻, 큰뜻, 실력의 양성이라고 하였다. 이는 앞서 살핀 의인, 결사가 되어 나라와 사회에 기여하겠다는 충정이었다. 그런데 그의 가출, 출가는 왜 18~19세 때였는가? 출가의 배경에 큰뜻이라는 것 이외의 다른 내용은 없는가. 자신의 출가를 회고하는 다른 글(「남모르는 나의 아들」, 『별건곤』 5-6호, 1930. 7.)에서

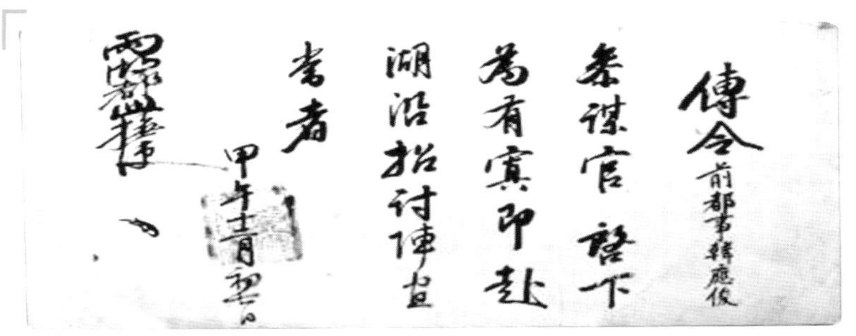

傳令 前都事韓應俊
參謀官 閣下
爲有實印赴
湖沿招討使
甲午十一月

만해 부친이 받은 전령　동학운동이 일어났을 때에 관군이었다.

는 '19세에 어떤 사정으로' 표현했다. 여기에서 나온 어떤 사정은 무엇을 말함인가. 추정하건대 말 못할, 거북한, 떳떳하지 못한 사연이 있었을 것이다. 그의 나이 19세 때는 1897년이었다. 그 해는 한국 근대사의 격정과 파란을 부른 동학혁명이 일어난 지 3년이 되는 해였다. 동학혁명의 거센 바람은 홍성이라고 피할 수 없었다.

만해의 부친 한응준은 1894년에는 홍성의 아전 군속으로 근무했다. 이는 일종의 무반의 자리로써, 홍성을 수비하는 지방군이다. 양반의 후예이지만 급변하였던 정치·사회의 변동은 중인생활까지도 받아들일 수밖에 없는 현실이었다. 한응준은 동학군을 토벌하는 행목사行牧使로 나오고 이를 뒷받침하는 『홍주읍지』에서도 그는 동학군 토벌과 연계되어 전한다. 이는 한응준으로서는 당연한 행보였다. 만해는 부친의 이러한 역할로 인하여 적지 않은 고민을 하였을 것이다. 동학군을 토벌하는 것이 부친이 자신에게 늘상 강조하던 의인, 걸사의 행적과는 거리가 있는 것으로 느껴질 수 있기 때문이다. 한응준은 그 혼란중 1895년 3월 15일에 사망한 것으로 제적등본에 나온다.

1895년 명성황후가 일본군에 의해 잔인하게 시해당한 이른바 명성황후 시해 사건, 그리고 단발령과 변복령의 강행에 대한 불만이 노정되면서 각처에서 의병이 일어났다. 홍성에서도 1896년 1월, 김복한·이설·안병찬 등이 주도한 의병이 일어났다. 홍주의병은 여타 지방의 의병과 다르게 홍주 문화권 일대의 유생, 전직관리, 평민으로 구성되었다. 그러나 홍주 목사인 이승우는 홍주의병의 초기에는 의병진에 가담하다가, 얼마 후에는 의병을 배반하고 관군으로 되돌아갔다.

이러한 홍성의 분위기에서 부친의 행적 및 사망, 서당 훈장으로서의 애매한 입지, 결혼 등으로 인해 만해의 행보는 어찌 하지 못했을 것이다. 홍성 지역사회의 혼미, 관군과 동학혁명·의병 간의 갈등 구조에서 나온 만해 집안의 풍상은 만해로 하여금 홍성을 탈출케 했다. 만해가 자신의 출가를 '어떤 사정'으로 표현한 것은 이를 반영한 것이다. 간혹 만해가 동학과 의병에 참가하였다는 주장도 있지만 문헌 증거는 없으며, 신비성의 풍문으로 보인다. 이렇듯 만해의 첫 출가로 이어진 홍성 탈출의 명분에는 유년시절부터 간직한 의인, 걸사가 되려는 소박한 의식과 고향을 떠날 수밖에 없었던 집안의 뒤틀린 사정이 깔려 있었다. 이에 만해는 그를 "뜻을 품고 서울을 향하여 고향을 떠났다"고 하였다. 그러면 만해는 1897년 집을 떠나 어디로 갔는가?

그 떠남은 미지의 세계로 가는 힘찬 발걸음이었다. 그러나 그는 서울을 가는 도중에 배도 고프고 날이 어두워져, 길가의 주막집에 들어가 하룻밤을 지냈다. 그런데 밤을 새면서 문득 갑자기 떠나온 발걸음에 대한 의구심이 일어나기 시작하였다. 그가 생각한 그것은 적수공권赤手空拳의 빈손이고, 한학에 대한 소양밖에 없는 자기가 어떻게 나라 일을 도울 수 있으며, 뜻을 펼 수 있을까에 대한 현실직시였다.

> 그러나 해는 이미 기울고 발에서는 노독이 나고 배는 고파 오장이 주우리어 차마 촌보를 더 옮기어 드딜수 없기에 길가에 있는 어떤 주막집에 들어가 팔베개고 하루밤 지내느라니 그제야 이번 걸음이 너무도 무모하였구나 하는 생각이 났다. 큰뜻을 이룬다니 한학의 소양밖에 없는 내가 무슨 지식으로 큰뜻을 이루나?
>
> 이러한 생각 끝에 나는 아홉살때 읽었던 서상기西廂記의 통곡痛哭 일장에 문득 마음이 쏠려졌다. 인생이란 덧없는 것이 아닌가, 밤낮 근근 살자 하다가 생명이 가면 무엇이 남는고, 명예인고, 부귀인고, 모두다 아쉬운 것이 아닌가. 결국 모든 것이 공空이 되고, 무색하고, 무형한 것이 되어 버리지 않는고, 나의 회의는 점점 커져 갔다. 나는 이 회의 때문에 머리가 끝없이 혼란하여짐을 깨달았다.
>
> '에라 인생이란 무엇인지 그것부터 알고 일하자' 하는 결론을 얻고 나는 그제는 서울 가던 길을 버리고 강원도 오대산의 백담사에 이름 높은 도사가 있다는 말을 듣고 산골 길을 여러 날 패이어 그곳으로 갔었다.
>
> -「시베리아 거쳐 서울로」, 『삼천리』 42호, 1933. 9.

그래서 만해는 밤늦도록 수십 번을 생각해 보면서, 자기가 9세에 읽었던 『서상기』라는 책의 「통곡」의 1장에 나오는 인생의 덧없음에 대한 내용을 더듬었다. 그는 인생에 대한 고민으로 5~6일 간을 밥을 먹지 않고 고민하였던 유년 시절을 회고하면서 새로운 결단을 내렸다. 그 결단은 서울로 가던 길을 단념하고 우선, "인생이 무엇인가부터 알자"는 것이었다. 그러므로 그 결단은 도피적인 것은 결코 아니었다. 만해는 '불같은 마음'으로 떠난 서울 가는 길 대신에, 인생의 근원을 탐구하는 행보를 내딛게 되었다. 후일, 만해가 "나의 입산 동기가 단순한 신앙만을 위한 것이 아니었다"라고 회고하였음을 보면 구국의 심정과 종교성이 혼재되었다고 봐야 할 것이다.

만해가 유년시절에 읽은 『서상기』
만해는 이 책에 나온 인생의 허무 내용을 떠올리고 출가를 단행했다.

이러한 결단을 내린 그는 서울로 가던 길의 방향을 바꾸어 속리사로 갔다. 이 속리사는 충북 보은의 법주사로 보인다. 그러나 그는 그곳에 오래 머무르지 않고 도인이 있다는 강원도의 백담사로 향하여 그곳에서 행자생활을 하였다. 그는 절에서 필요한 나무를 하는 불목한의 역할을 하면서 불교 교리를 배웠다. 그는 승려의 예비 단계인 행자, 사미승이었다. 이때 받은 법명이 봉완奉玩이었다. 사미승으로 출발한 그는 백담사 인근 촌락을 돌며 자기 자신을 낮추면서 절에 필요한 것을 요청하는 동냥중의 역할도 마다하지 않았다. 그러다가 얼마 후에는 인근의 큰절인 건봉사 강원에서 공부하였다. 만해가 건봉사 강원에 있었음은 아래의 회고에 나온다.

거기에는 거찰이니만치 강원講院이 있고 그 강원에는 나 같은 청소년 수도승이 많이 있었다. 거기에서 우리들은 여름이면 울창한 솔밭 속을 거닐고 또 겨울이면 천봉 만악이 한글 같이 눈속에 덮힌 자연을 바라보면서 현실에 대한 애착을 저절로 잃어 버리게 되었고, 한편으로는 불경佛經 읽기에 딴 뜻을 생각하기에는 너무나 분주하여 잡념을 가져 볼 사이라고는 없었다.

-「수도승과 금욕」, 『삼천리』 13호, 1931. 3.

이처럼 그는 건봉사 강원에서 1년 이상을 불교 공부를 하였다. 그러나 그는 건봉사에서 경전 공부를 하는 것에 만족치 않았다. 그는 그곳을 떠나 백담사로 돌아와 고뇌하였다. 몇 년간 행자, 불목한, 강원 공부, 동냥중 등 다양한 생활을 하였지만 고향 집안에 대한 걱정을 지울 수 없었다. 편모와 부인에 대한 인간적인 미안함을 끊을 수는 없었다. 그래서 홍성으로 돌아왔다.

1901년 경 고향인 홍성에 돌아온 것으로 추측된다. 그러나 홍성은 예전의 홍성일 수는 없었다. 1896년의 홍주의병으로 인한 갈등 및 후유증이 아직도 짙게 깔려 있었다. 그러므로 고향에 돌아온 만해는 변모된 홍성 사회와 집안 환경에 적응하기가 어려웠을 것이다. 그에게 그의 부친의 부재는 커다란 충격이었다. 유년시절 그에게 자기 존립의 지팡이 역할을 한 것이 부친이었다. 그리고 그의 부인에 대한 입장도 간단치는 않았다. 아무리 만해가 모험에 사로잡혀 있는 청년이었지만, 그와 혼례를 하고 부부로서의 인연을 맺었던 여인에 대한 최소한의 미안함은 있었다. 유교적 가치관을 가지고 있었던 만해로서는 당연한 의식이었다. 모친의 의사가 개입된 구식 결혼이고, 한적한 시골에서만 머물 수 없었던 자신의 도전의식으로 인하여 조화될 수 없는 만남이었을 뿐이다. 그리하여 그 시기 만해는 홍성의 분위기와 무단가출의 형식으로 집을 뛰쳐나간 이후 집안의 변화를 직시했다. 그때 만해는 처가에 주로 머물렀다고 한다.

그러나 만해는 홍성에 다시 안주할 수는 없었다. 우선 자신의 모험적인 도전의식이 자신을 끊임없이 요동치게 하였다. 그는 급변하고, 새로운 문명이 몰려오고, 그가 4년 간 각처를 떠돌아다니면서 겪었던 세상에 대한 도전을 중단할 수는 없었다. 그리고 그는 홍성에서 가늠할 수 없는 정신적인 고통을 수용하고, 감수할 체질도 아니었다. 그의 가출로 인하여 모친과 부인이 받은 상심을 달랠 묘책도 없었다. 이런 복잡성은 만해의 홍성 안주를 불가능하게 하였다. 또한 동학군을 막는 관군이었던 그의 부친의 죽음이 관군과 의병진에서도 인정받지 못한 것도 자신의 안주를 방해하였다. 그리고 홍주 관아의 임시직이었던 그의 형은 변화된 현실적 고뇌를 이기지 못해 의병이 일어난 후에는 노동자로 변신하였다는 설도 고려되어야 한다. 이런 분위기는 만해의 집안이 홍성에서 정당한 평가를 받을 수 없었음을 은연중 말해준다. 만해는 홍성에서 유학의 길을 갈 것인가 아니면 다시 재입산할 것인가를 고민하였다. 그래서 그는 울적한 마음을 달래려고 홍성 인근의 사찰에 가서 주역을 공부하였다. 그런데 그 사찰에서 『선요禪要』의 달을 가르치는 손가락만 보고 달은 보지 못한다는 구절과 『화엄경보현행원품』의 실천 사상에서 깊은 감명을 받았다. 이를 계기로 그는 유서儒書를 뒤로 하고, 불법에 귀의하기로 새롭게 발심을 하였다.

이러한 요인들이 중첩되고, 새 문명에 대한 도전의식, 방랑생활로 인해 제대로 배우지 못한 불교에 대한 탐구성 등이 어우러져 마침내 만해는 재도전의 길을 떠났다. 더욱이 한국을 강점하려는 일제 침략의 가속화는 그의 홍성 탈출을 추동하는 요인으로 작용하였다. 그때는 1904년이었다. 당시 그는 자신의 부인이 임신하였음을 알고 있었다. 그러나 그는 그것에 매이지 않고, 매정하게도 자신만의 길을 재촉하였다. 비록 그 발길은 훗날에 가서야 민족과 중생을 위한 위대한 것이었다고 평하였지만 당시로서는 자신에게도 쓰라린 행보였다. 이후로 만해는 자신의 고향인 홍성에 돌아가지 않았다. 그에게는 재입산 자체가 결코 그의 가슴에서 쉽게 지워지는 것은 아니었다.

> 나는 본래 탕자蕩子였다. 중년中歲에 선친이 돌아가시고 편모偏母를 섬겨 불효에 이르렀더니, 지난 을사乙巳(1905)에 입산해서는 더욱 국내, 외국을 떠돌았다. 그리하여 마침내 집에 소식을 끊고 편지조차 하지 않았는데, 지난해에 노상에서 고향 사람을 만나 어머니 돌아가신 지가 3년이나 지났음을 전해 들었다. 이로부터 만고에 다하지 못할 한을 품게 되었고 하늘의 크기로도 남음이 있는 죄를 짓는 결과가 되었다.
>
> –『조선불교유신론』, 불교서관, 1913. 5.

위의 글에 전하는 내용에 의하면 만해 그도 이처럼 가슴 한편에는 출가 전후의 집안 사정에서 나온 남에게 말하기 어려운 쓰디쓴 괴로움을 갖고 있었다. 입산, 출가가 속세의 인연을 단절하는 것이라고는 쉽게 말하지만 구도자를 자처하는 승려도 인간인 이상 어찌 고민이 없겠는가. 만해는 자신이 탕자였음을, 불효자였음을 솔직하게 고백했다. 만해는 흔들리는 나라를 위해, 그 무엇인가를 하기 위해 집을 박차고 나갔다.

> 그러자 그 해가 갑진년 전 해(1903)로 대세大勢의 초석이 처음으로 기울기 시작하여서 서울서는 무슨 조약이 체결되어 뜻있는 사람들이 구름같이 경성을 향하여 모여든다는 말이 들리었다. 그때에 어찌 신문이나 우편이 있어서 알었으리만은 너무도 크게 국가의 대동맥이 움직이는 판이 되어 소문은 바람을 타고 아침 저녁으로 팔도에 흩어지었다. 우리 홍주서도 정사政事에 분주하는 여러 선진자들은 이곳 저곳에 모여서 수근 수근하는 법이 심상한 기세가 아니었다.
>
> -「나는 왜 승僧이 되었나」, 『삼천리』 6호, 1930. 5.

위의 회고에서는 만해가 홍성을 떠난 것은 나라의 운명이 급변하고, 그에 따라 우국지사들의 바쁜 발걸음에 자극받은 일종의 호기심적인 탈출로 전한다. 홍성에 머물러 있을 수 없는 영웅주의적인 모험이었다. 즉 그의 나이 26세(1904)에 만해는 제2의 출가를 단행했다.

바로 이렇듯이 홍성에 불어 닥친 뒤숭숭한 정세가 만해로 하여금 백담사로 향하게 하였다. 그런데 그 외출은 모친과 부인에게도 전혀 알리지 않은 모험적인 도전이었다. 어찌보면 그는 반인륜적인 행동임을 부인하기 어렵다. 만해는 담뱃대 하나만 달랑 들고 집을 떠났다. 만해의 그 도전은 모험이었지만, 그의 잠재의식에는 자신도 그 비상한 시국에 그

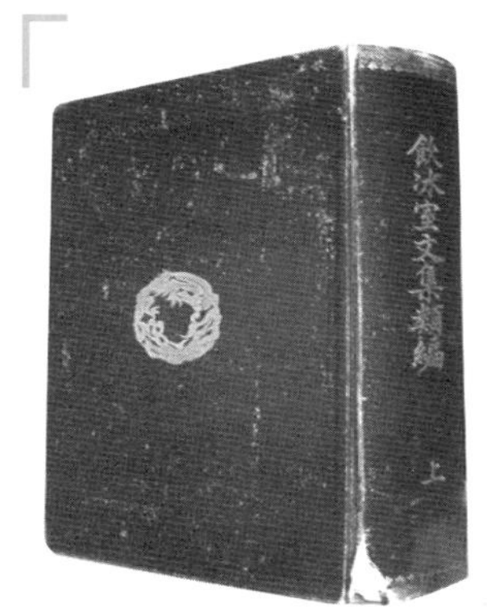

중국 근대사상가인 양계초의 저술, 『음빙실문집』. 만해는 이 책을 통해 서양과 문명에 대한 안목을 가졌다.

무엇인가를 하고 싶다는 간절한 열정이 있었다. 그는 불교를 통해 소년 시절의 의인, 걸사 같은 훌륭한 인물이 되겠다는 것이다. 만해는 자신의 그 행보를 나라 일을 돕겠다는 것, 품은 뜻을 펼치는 것, 앞일을 위해 실력을 양성하겠다는 것, 인생에 대하여 그 무엇을 해결해 보겠다는 불같은 마음으로 표현하였다.

드디어 만해는 26살에 재입산, 재출가하였다. 백담사에 입산한 그는 우선 자신의 조급함을 누르고, 불교적인 가치의 함양에 전념하였다. 그 결과 그는 1905년 1월 26일 당시 백담사의 조실인 김연곡金蓮谷을 은사로 모시고, 정식 승려의 길을 가게 되었다. 그리고 전영제全泳濟로부터 계戒도 받았다. 김연곡은 건봉사 출신의 학승이었지만, 참선에도 주력하여 설악산, 금강산 일대에서는 명망이 있었다. 그는 개화기 문명의 동정을 전하는 서적을 구해 본 개화승이었다. 또한 백담사보다 더 오지인 설악의 계곡에 위치한 오세암에는 많은 서적이 있어, 만해는 독서열을 불태웠다. 그래서 그의 불교 공부는 심화될 수 있었다.

이런 배경에서 만해는 1905년 4월부터는 백담사에 머무르던 교학에 정통한 이학암李鶴菴에게 불교 경전을 배웠다. 만해는 건봉사 강원에서 불교의 기초는 배웠지만 불교 경전, 사상은 이제서야 본격적으로 배우게 되었다. 이학암은 금강산과 설악산 일대에 알려진 학승이었다. 만해는 이학암에게 『기신론』, 『능가경』, 『원각경』을 배웠다. 이런 경전을 배움으로써 만해의 사상과 행동에 불교 사상이 굳건히 자리 잡았다. 이학암은 1912년부터는 백담사 주지로 근무했다. 그런데 이 시기의 만해는 불교 사상을 수학하면서도 그 자신의 내부에 도사리고 있는 도전의식을 버릴 수는 없었다. 추측건대 만해가 불교 혁신의 이론 정립에 영향을 받은 양계초의 『음빙실문집飮冰室文集』을 섭렵한 것도 이 시기이다. 즉 건봉사에서 빌려온 『음빙실문집』을 통하여 만해는 문명, 사회의식을 계발 받았다. 그는 50대 중반에 『조광』지에 기고한 「최후의 5분간」이라는 수필에서 『음빙실문집』을 보았다고 회고할 정도로 양계초의 영향은 컸다.

이렇듯이 만해는 불교와 문명이라는 이중적 노선의 경계에서 고뇌하였다. 특히 서구에 대한 소개를 기본으로 하면서도, 변화가 세상의 근본 원리라는 입장을 개진한 『음빙실문집』을 읽고 만해가 받은 충격은 상당했다. 양계초는 중국의 구국운동을 불교적 차원에서 전개하고 있는 인물로, 근대 중국의 지성을 대표한다. 당시의 애국계몽운동에 참여하고 있는 민족 지사들은 이 책을 접하고, 책속에서 전하고 있는 사회진화론의 세계관을 수용하였다. 『음빙실문집』은 1900년대 구한말 지성인들의 필독서였다. 민족운동가들은 『음빙실문집』을 읽고, 진화론적인 문명의 세계에서 민족이 살아남으려면 자주, 자강하지 않으면 안 된다는 입장에서 구국운동을 전개하였다.

그러나 만해는 아직 민족운동의 단계까지 나아가지는 않았다. 다만, 잠재의식에 내재된 '모험'이라는 충동을 갖기에 충분하였다.

모험, 세계를 향해

만해는 승려로서의 올곧은 길을 걷기 위해 불교의 가치를 배우던 백담사의 생활에 정착하지 못하였다. 이는 그가 입산하면서 생각한 인생의 근원을 금방 확인할 수 없었던 데서 나온 것이다. 그는 고민을 했다. 더욱이 자신의 마음에 도사리고 있었던 모험 정신을 주체할 수 없었다. 그리하여 그는 또 다른 모험을 감행하였다. 그는 넓은 세상을 확인하고, 그곳에서 자신의 뜻을 펼치려는 행보 세계일주의 감행이었다. 그 정황은 도전적인 그의 삶을 분명하게 보여준다.

> 그래서 곧 동냥중이 되어 물욕, 색욕을 모두 버리고 한갓 염불 외우며 도닦기에 몇 해를 보내었다. 그러나 수년 승방에 묶여 있어도 결국은 인생이 잘 알려지지도 않고, 또 청춘의 뜻을 내리 누를 길 없어 다시 번민을 시작하던 차에 마침 『영환지략』이라는 책을 통하여 비로서 조선 이외에

도 넓은 천지 있는 것을 인식하고 행장을 수습하여 원산을 거쳐서 시베리아에 이르러 몇 해를 덧없는 방랑생활을 하다가 …….

–「시베리아를 거쳐 서울로」

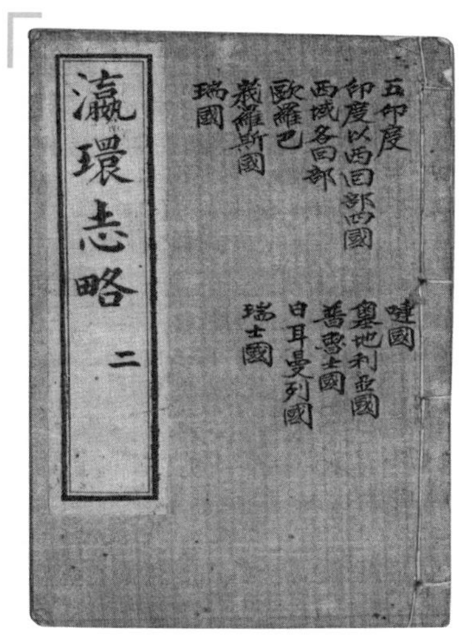

만해가 세계지리 공부를 위해 읽은 책 「영환지략」
만해는 이 책을 읽고 세계일주를 결심하였다.

이처럼 그는 염불을 외우며, 승방에서 도를 닦았지만 자신이 입산 시에 생각한 인생의 문제를 풀 수 없었다. 그리고 풋풋한 20대 청년시절이면 누구나 갖고 있는 청춘의 꿈을 버리지 못하였다. 만해는 마음의 안정을 얻지 못하고 고민을 하던 때, 읽게 된 세계지리서 『영환지략瀛環志略』을 통하여 자신의 뜻을 과감히 펼쳤다. 『영환지략』은 청나라 개화파인 서계여徐繼畬가 1848년에 저술한 것인데, 서양의 지리와 역사를 소개한 책이다. 만해가 어떤 경로로 이 책을 보게 되었는가는 정확치 않다. 다만 백담사 본사인 건봉사가 개화적인 성향이 강한 사찰이었기에 그곳에 들어온 것을 읽었을 것이다. 또한 개화승으로 유명한 탁정식의 출신이 백담사임을 생각하면 만해가 백담사에서 세계여행을 기획하였다는 것이 우연이라고 볼 수만은 없다. 그는 『영환지략』을 통하여 세상천지의 넓음을 확인하고, 자신의 뜻을 찾는 길을 떠났다.

그것이 나의 입산한지 몇 해 안되어서의 일인데, 나의 입산한 동기가 단순한 신앙만을 위한 것이 아니었던만큼 유벽幽僻한 설악산에 있은지 멀지 아니하여 세간 번뇌에 구사驅使되어 무전여행으로 세계 만유漫遊를 떠나게 된 것이었다. 그때쯤은 나뿐 아니라 조선사람은 대개 세상에 대한 지식과 경험이 별로 없었으므로 아무 인연도 없고 외국어 한마디로 모르는 산간의 한 사미沙彌로 돌연히 세계 만유, 더구나 무전여행을 떠난 것은 우치愚痴라면 우치요, 만용蠻勇이라면 만용이었다.

-「북대륙의 하룻밤」, 『조선일보』 1935. 3.

그의 정열적인 도전, 세계여행은 모험이었다. 세계에 대한 지식과 경험도 없이, 돈도 없이, 외국어를 한마디도 하지 못하는 처지에, 안내자도 없이, 세상 경험이 전무한 산골짜기의 풋내기 승려였지만 그는 백담사를 떠났다. 훗날, 그를 회고하면서 바보스러움과 지나친 용기라 하였지만, 그 행보는 만해의 평생을 관통한 모험정신이요 자신의 뜻을 펼치려는 도전정신이었다.

그런데 만해가 백담사를 떠나 세계일주를 단행한 시점은 정확치 않다. 1906년 2월경이 아닌가 한다. 『금강경』과 가사만을 넣은 행장을 꾸리고, 그는 우선 세계의 사정을 알기 위해 서울로 떠났다. 백담사에서 서울을 가기 위해서는 인제를 거쳐야 한다. 인제에는 가평천이라는 물 흐름이 거센 내가 있어, 서울을 가기 위해서는 반드시 그 내를 건너야 된다. 그 때가 2월이었기에 눈 녹은 물이 힘차게 내려갔다. 초봄의 산골짜기의 물은 매우 차가워 견디기가 어렵다. 만해는 그 내를 건너면서 다리가 저리고 아파 감각을 잃을 지경이었다. 만해는 육체의 다리는 마비되고 감각을 잃어 버렸기에 그야말로 앞으로 나갈 수도 없고, 뒤로 돌아갈 수도 없는 진퇴양난의 처지에 빠지게 되었다. 그러나 그는 백척간두 진일보, 맨주먹으로 세계여행을 떠나는 초인적인 자세로 자신과의 싸움을 이겨내고 그 내를 건넜다. 건너 와 보니, 발등은 찢어지고 발가락이 깨어져서 피가 흘렀다. 여기에서 그는 일체유심一切唯心을 생각하였다. 바로, 그때 가천내를 건너다가 내의 중간에서 넘어진 중년 여인을 보고서는, 만해는 옷을 걷을 새도 없이 내로 다시 들어가 그 여인을 업고 나왔다. 그는 어려움을 이겨냈다는 자부심을 가슴에 품고 세계로의 행보를 지속하였다.

만해는 서울에 올라왔지만 세계 지리에 대한 정보와 체험담은 얻지 못하였다. 그래서 자신이 본 지도의 상식을 갖고, 러시아를 거쳐 유럽으로 가고, 그 다음에는 미국으로 간다는 계획을 세웠다. 이 계획에 의해서 그는 원산으로 가기 위한 발걸음을 재촉하였다. 그 도중에 백담사와 금강산 마하연의 승려를 만났다. 그들도 블라디보스토크로 가는 길이었기에, 자연스럽게 동행하였다. 원산에 도착한 그들은 500톤 정도의 기선을 타고 블라디보스토크로 향했다. 그곳에 도착한 만해는 항구에 있는 배의 규모에 놀랐다. 그는 동행 승려와 함께 조선인 부락인 개척리를 찾아가 여관에 들어갔다. 그런데 그곳에서는 머리를 깎은 승려의 행색을 하고 들어온 외부인은 친일파 일진회원으로 보고 무조건 죽이는 관행이 있었다. 그 관행이 만해의 일행에게 닥쳐왔다. 그 지역의 청장년 십여 명이 만해가 머무는 여관으로 들이 닥쳤는데 그들의 손에는 가는 철사로 묶은 방망이가 들려져 있었다. 그들은 만해 일행에게 온 목적을 묻고, 관행을 실행하려고 하였다. 그렇지만 만해는 그들의 기세에 눌리지 않고 의연히 대응하였다. 그들은 만해의 단호한 반발에 일단은 후퇴하고, 여관 주인에게 도망치지 못하게 감시하라는 명령을 내리고 돌아갔다. 그런데 당시 블라디보스토크의 한인 사회는 생존, 항일, 친일이 교차되는 분위기가 팽배하였다. 파쟁, 분파가 비등하던 한인사회에 외부에서 불쑥 들어온 만해에 대한 경계심은 매우 컸다.

그 이튿날 만해는 곰곰이 생각하기를 앉아서 죽기를 기다릴 수 없다는 판단하에 그곳의 책임자와 고문 격인 노인을 찾아갔다. 만해는 그들에게 자신을 소개하고, 그곳에 온 목적을 설명하였다. 그들은 만해의 취지를 이해하고 아무 일이 없을 것이라고 하면서 여관으로 돌아가 있으라고 하였다. 만해는 기습으로 성공한 개선장군처럼 자존심을 회복하였다. 여관으로 돌아온 그는 일행에게 경과를 말하고, 갑갑증을 풀 겸 혼자 항구 구경을 나갔다. 그러나 그곳에서 만해는 조선 청년 5~6인이 자신을 결박하여 바다로 던지려고 하는 일촉즉발의 사태에 직면한다. 마침 그 현장의 바닷가에 있었던 러시아 경관의 개입으로 죽음의 일보 직전에서 살아남았다. 이국땅에서 동포들에게 이유 없는 죽임을 당할 뻔한 것이 억울하여, 그 자리에 주저앉아서 소리 내어 통곡하였다. 그는 일행과 함께 귀국할 수밖에 없었다. 갖고 있는 돈이 전혀 없어, 50리 길은 나무배를 타고 그 이후의 육로는 가쁜 걸음으로 여러 날을 걸어서 두만강을 건너 국내로 되돌아 왔다.

만해가 귀국할 당시는 일제의 한국 침략이 본격화되던 때인지라 전국적으로 의병이 크게 일어났다. 그래서 만해는 강원도 간성에서 의병과 일본군 간의 전투로 인해 안변 석왕사로 들어갔다. 당시 만해의 심정은 다음과 같았다.

피난도중 비에 갇혀 머물면서	**避亂途中滯雨有感**
쌓인 세월에 어느새 연말 가까워	崢嶸歲色矮於人
왜놈의 군대 소리 산골까지 들리어	海國兵聲接絕緣
천지를 뒤집는 듯 날아가고 싶나니	顚倒湖山飛欲去
하늘 끝의 비 바람도 정이 들어라	天涯風雨亦相親

–『한용운전집』 1권, 신구문화사, 1973.

세계여행이 좌절된 울적한 마음, 일본 군대와 의병과의 전투로 인해 피난을 하는 자신의 답답함을 떨치고 싶은 심정이 나온다. 만해는 당시 정황을 석왕사의 깊은 산골 암자를 찾아가 참선 생활을 했다고 회고했다.

그런데 석왕사에서 참선 생활을 한 이후의 행적은 분명치 않다. 추측건대 일단은 백담사로 돌아왔을 것이다. 몸을 추스른 만해는 1906년 가을부터는 유점사에서 이학암에게 『반야경』과 『화엄경』을 배웠다. 그 후에는 건봉사로 가서 1907년 4월 15일부터 선방에 들어가 선禪의 세계에 본격적으로 입문하였다. 그 이전에도 간간히 참선을 경험하였지만, 건봉사 선방에서의 선 수행은 이전과는 차원이 달랐다. 그래서 만해도 여기에서의 선 수행을 자신의 최초의 선입문인 수선안거首禪安居로 표현하였다. 건봉사 선원에 입방한 그는 치열한 선수행을 하였다. 그는 이제까

석왕사(원산)의 선원 　만해는 시베리아에서 귀국하여 이곳에서 참선하였다.

지 불교 경전에서 배운 이론, 사상을 자신의 선 체험으로 점검하였다. 후일, 선사라고 불리움에 대한 자부심, 선과 관련된 글을 쓸 수 있었던 것도 건봉사 참선수행에서 나왔다.

만해는 건봉사에서 자신의 인생에서 또 하나의 표석이 될 사건을 만난다. 그는 전법傳法이었거니와 건봉사의 조실인 정만화鄭萬化의 법을 계승하였다. 만화 선사로 널리 알려진 그는 건봉사의 만일염불선회를 1881년에 결사하여 1908년에 회향시킨 주도자였다. 그는 1918년 9월 13일 입적하기 이전까지 건봉사의 큰 어른인 정신적 지주였다. 만해는 바로 이 만화에게 법을 인가받고 용운龍雲이라는 법호를 받았다. 불교에서는 이를 전법 혹은 건당建幢이라고 한다. 건봉사 '만화당대선사비명萬

化堂大禪師碑銘'의 음기에 만화의 제자 명단이 전하는데, 법손의 명단에 '용운龍雲'이 나온다. 이제 그는 봉완에서 용운으로 새로운 변신을 하였다. 내설악 골짜기 백담사의 승려인 봉완에서 대본산 건봉사의 조실로부터 당당히 법을 전수받은 승려가 되었다.

만해는 건봉사 시절 속초에 거주하는 여연화 보살과의 긴장감 넘치는 인연을 만나게 된다. 만해는 계율을 지켜야 할 승려였기에 새로운 여성과의 인연 만들기는 어울리지 않는다. 그러나 인연의 그물은 현실의 이러저러한 구속을 뛰어 넘는다. 만해가 보살로부터 속초에서 곡차를 대접받았다는 구전이 있다. 3·1운동으로 인해 옥중에 수감되었을 때에 면회도 오고, 출옥 후에는 선학원을 찾아와 만해가 호통을 쳐서 내쳤다는 이야기의 주인공이다. 그 보살은 만해를 연모한 후원자로 화주化主 역할을 하였다. 훗날 자신의 시, 『선사의 설법』에서 "사랑의 쇠사슬에 묶여 고통을 받지 말고 사랑의 줄을 끊어라. 그러면 너의 마음이 즐거우리라"고 읊었다. 여기에서 나온 선사가 만화선사일 것이다. 그리고 아마도 이 사랑의 줄은 그 보살로 인하여 나온 사슬의 줄이 아니었을까? 여기에서 인간적인 만해의 단면을 엿본다.

문명을 만나고, 불교개혁을 추진하다

건봉사에서 참선을 하면서 새로운 도전에 대한 의욕을 억제시켜 보았지만, 문명세계에 대한 그의 도전은 중단되지 않았다. 그는 참선 수행을 한 직후인 1907년 10월부터 유점사의 서진하徐震河 강백으로부터 『화엄경』을 배웠다. 서진하는 월화月華 강백으로도 불린 승려로, 유점사의 말사인 신계사에 머무르면서 강주로 활동하였는데 경학 분야에서는 손꼽히는 인물이었다. 마침 그때, 서진하는 일본의 조동종의 승려들이 금강산에 왔음을 계기로 만해를 일본으로 건너갈 수 있도록 주선하였다. 만해에게는 긴장감 넘치는 제안이었다. 그가 얼마나 세계여행, 문명의 탐방을 고대하였던가. 마침내 만해는 문명 중심부로 들어가는 도전을 하였으니 그것은 바로 일본유학이었다.

상경 시점은 단언할 수 없지만, 만해는 1908년 봄, 서울에 올라와서 불교계 최초의 근대 학교인 명진학교明進學校에서 공부를 하였다. 명진학

서울 동대문 밖에 있었던 원흥사 만해가 수학한 명진학교(동국대학교 전신)가 있었다.

교는 서울 동대문 외곽의 원흥사元興寺에 있었다. 구한말 승려(불교연구회)들이 불교의 근대화를 이끌 인재를 양성하기 위한 목적에서 1906년 5월에 세운 학교로 전국의 각 본산에서 청년 승려를 선발하여 전통 불교학과 근대학문을 절충하여 교육시킨 2년제 학교였다.

명진학교 공부는 그의 입산 사찰인 백담사의 본사인 건봉사의 추천으로 가능했을 것이다. 여러 사정을 종합할 경우, 만해는 명진학교의 2년제 정식 과정에서 배우지는 않고 보조과補助科에서 공부하였다. 보조과는 3개월 정도의 속성과정으로 일어, 측량학을 가르쳤다. 그는 명진학교의 보조과를 마치고 근대문명의 중심지인 일본으로 건너갔다. 그런데 만해가 명진학교 보조과를 언제, 다녔다는 문헌 근거는 없다. 명진학교에 대한 최초의 논문을 쓴 남도영(동국대)은 만해가 "보조과에서 일어 과정을 단기에 마쳐 졸업한 후(1908년 3월)" 일본에 건너갔다고 서술했다. 남도영은 명진학교 1회 졸업생인 이종욱과 김포광으로부터 만해를 원흥사(명진학교)에서 만났다는 증언을 들었다고 한다. 그리고 1918년에 중앙학림을 다닌 백성욱(동국대 총장 역임)에게도 그런 내용을 들었다고 말했다. 요컨대 만해의 명진학교 수학은 일본유학을 가기 위한 기초 일어의 배움, 정보 습득 차원에서 나온 것으로 보인다. 이런 배경에서 만해가 일본으로 건너가기 직전 상황을 쓴 글은 당시 사정을 짐작케 한다.

> 그러다가 동양문명의 집산은 동경에서 되니, 동경으로 갈차로 이듬해 봄에 처음으로 서울에 발을 들여 놓았다. 나의 初上京記는 이러하다.
>
> -「시베리아 거쳐 서울로」, 『삼천리』 42호, 1933. 9.

만해는 명진학교에서의 공부를 통해 불교청년들의 영웅이 되는 인연을 가졌다. 이러한 정황은 궁벽한 산골짜기의 만해가 제도권 불교에 진입하였음을 말한다. 당시 만해의 심정을 전하는 회고를 살펴보자.

> 그러다가 반도안에 국척跼蹐하여 있는 것이 어쩐지 사내의 본의가 아닌듯하여 일본으로 뛰어들어 갔다. 그때는 조선의 새문명이 일본을 통하여 많이 들어오는 때이니까 비단 불교문화뿐만 아니라, 새시대 기운이 융흥隆興한다 전하는 일본의 자태를 보고 싶던 것이었다.
>
> -「나는 왜 승이 되었나」, 『삼천리』 6호, 1930. 5.

만해의 혈혈단신 일본행은 문명에 대한 갈망에서 기인했다. 갈망의 내용에는 불교문화도 포함되어 있었겠지만 그보다는 근대문명의 확인이 우선이었다.

1908년 5월 9일, 일본에 건너간 그는 동경으로 가서, 일본 조동종의 출장소를 찾아갔다. 그는 일본으로 오기 전에 조동종 대본산 영평사라는 것을 들었기에, 일본에서 공부를 할 수 있는 방안을 모색하려는 의도였다. 그는 조동종 관장弘津說三의 호의로 조동종 대학에 입학하였다. 그 대학은 지금의 고마자와대학駒澤大學으로 바뀌었는데, 만해는 학비가 전혀 없었기에 일본 불교의 도움이 절실했다. 그는 대학에서 일어, 불교, 서양철학 등을 배웠다. 그러면서 일본의 각처를 순방하며 문명의 실체도 확인했다. 그리고 일본에 유학 온 한국 유학생들과도 교류하였다. 그 중 한 사람이 후일 3·1운동 시 만세운동의 주역으로 함께 활동한 최린이었다. 불교계의 대학, 학교, 유치원, 포교당, 복지시설, 출판사 등 다양한 시설을 본 만해는 국내의 불교 현실을 떠올렸다. 여기서 만해는 불교개혁이라는 시대적 과제를 만났다.

한편 만해가 일본유학을 하던 1908년 한국은 일제에게 외교권을 빼앗긴 을사늑약(1905년)을 강제로 체결당한 직후였기에 일제의 준식민지 체제로 전락되었다. 전국에서는 국권강탈을 기도하는 일제에 대항하는 의병전쟁이 일어났다. 그러한 시절, 만해는 문명의 도래지라는 일본의 중심부에 가서 일본 승려의 도움을 받고 문명의 세례를 받았다. 이 시기의 만해에게서 민족의식이 충만함을 발견할 수 없다. 당시 조동종은 한국에 건너와 한국인 포교 활동에 주력하였는데, 만해에게 후의를 베푼

것도 단순하게 볼 수만은 없다. 물론 만해는 나라에 대한 걱정은 하였겠지만, 그의 가슴에는 문명과 불교발전이라는 화두가 가득하였다.

그는 일본에 머무르면서 일본 조동종 청년 단체인 화융회和融會의 기관지인 『화융지』에 12편의 한시를 기고하였다. 그 기고는 '조선승려 한용운'이라는 기고자의 이름으로 게재되었는데, 1908년 6~9월호에 분산되어 있다. 그 한시는 고향에 대한 그리움, 쓸쓸함, 한가로움, 고독 등의 내용이 담겨 있다. 모험과 도전의식이 충만한 만해도 이국 타향에서 허전한 마음을 달래기가 쉽지 않았다. 일본어가 능하지 못해 주로 필담筆談을 하였다. 만해는 학비가 부족하여 4개월간의 일본생활을 접고 귀국하였다. 일본 청년들에게 다시 오겠다는 의사를 피력한 만해는 귀국 시에 일본에서 유행하던 책 『불교성전』과 『채근담』을 갖고 왔다.

만해가 일본에서 문명을 접하고 국내로 돌아온 것은 1908년 9월 초였다. 그는 귀국하여 범어사에 머물다가 지리산으로 갔다. 지리산에서는 박한영과 전금파를 만나 불교발전을 위한 결의를 하였다. 그럴 때에 서울 원흥사에서 전조선불교도대회가 열린다는 소식이 만해가 있었던 지리산까지 전해져 그는 부랴부랴 서울로 올라왔다. 그 대회는 1908년 10월 20일에 열렸는데, 전국 사원의 통일과 불교 진흥을 위한 종무원의 건설 문제를 토의하였다. 대회 주최 측은 종무원을 건설하기 위해 일본인 승려를 고문으로 정하고, 규칙을 정하고, 정부 당국에 인가를 요청하였다. 이에 대해 만해는 승려해방, 학교건설을 토의하였다면서 그를 대단히 '좋은 것'으로 표현하였다. 여기에서도 만해는 일본승려의 도움을 받아 불교발전을 하는 것에 대한 경계심을 갖지 않았다.

서울에서 그 대회를 참관한 만해는 일단은 건봉사로 발길을 돌렸다. 왜 건봉사로 갔을까? 자신의 출신 사찰인 백담사, 일본행을 주선한 서진하 강백이 있는 유점사를 가지 않은 연유는 알 수 없다. 그때 건봉사에는 자신에게 불경을 가르쳐준 백담사의 이학암이 와 있었다. 그는 본래 건봉사 출신이었는데, 건봉사 강원에서 후학을 가르치고 있었다. 만해는 건봉사에서 이학암에게 『반야경』, 『화엄경』을 배우다가, 서울로 올라왔다. 그는 1908년 12월 10일에 경성명진측량강습소의 소장에 취임하였다. 측량 강습이 왜 그 당시에 중요한 기술로 떠올랐는가. 구한말부터 일제에게 나라를 빼앗겨 식민통치를 받기까지의 그 시기에는 여러 변화가 있었다. 그중에서 토지소유권이 강조되면서 토지에서 나온 생산물의 확보를 둘러싼 갈등의 첨예화가 있었다. 이 흐름에서 땅을 측량하고, 그를 근대적인 문서에 기재하고, 그를 토대로 세금을 부과하는 것은 초미의 관심사였다. 그런데 일제는 경제침투 및 식민통치 차원에서 한국인의 토지를 수탈하였기에 측량은 생존과 수탈이 만나는 접점이었다.

만해는 명진학교 보조과를 다니면서 측량기술을 이미 알았다. 이처럼 불교의 근대학교에서 측량기술을 교육의 과목으로 포함시켰음에서 당시 선각적인 승려들은 현실의 변동을 직시하였음을 알 수 있다. 만해가 이 강습소를 명진학교의 부설로 열었음에서 그는 명진학교와 연고(졸업생)가 있었을 것으로 보인다. 강습소의 개설 및 운영 자금은 건봉사의 후원, 원흥사의 시주 등이 있었다는 설이 있으나 문헌적인 증거는 없다. 『대한매일신보』의 광고(1909. 1. 9.)에는 '명진측량 조합소' 이름의 모집 광고가 나온다. 그 내용에 의하면 강습과, 초등과, 산술과를 두었으며 측량 기술뿐만 아니라 측량의 기초인 산술(수학)과 문명의 이치도 함께 가르쳤다. 교육기간은 3개월이며, 산술과 학리를 시간을 가리지 않고 가르쳤다. 강습소는 동대문 밖의 숭인동에 소재한 원흥사에 있었다. 1909년 『매일신보』 기사(1909. 7. 17.)에 의하면, 제2회 시험을 보고 진급식을 하였는데 애국가를 불렀고, 28인이 우등생이었다는 내용이 나온다. 그런데 만해는 학교의 교장 및 교사진에도 이름이 없다. 강습소는 1909년 겨울 무렵에 문을 닫은 것으로 보인다. 강습소 퇴진은 통감부가 측량기사를 1천여 명이나 직접 양성하겠다는 방침(1909. 4.), 그리고 사적인 측량의 금지 조치(1910. 3.)에 영향을 받았을 것이다.

이런 배경하에서 만해는 명진강습소가 퇴진하기 이전, 원종 종무원(원흥사)에서 편집 일을 담당하였다. 『원종』 잡지의 편집 책임자일 가능성이 높다. 그러나 원종 간부와 의견이 충돌하여 그만 두었다. 만해는 종단의 편집 실무에서도 중도하차 하자 씁쓸한 심정으로 금강산의 명찰인 표훈사로 돌아갔다. 표훈사 강원의 강사 자리가 그를 기다리고 있었기 때문이다. 취임은 1909년 7월 30일이었다. 그는 강원의 강사로 승려 자질을 함양시키는 기초 교육을 담당하였다. 강사를 하면서 만해는 전통적인 교학을 그대로 수용하지 않고, 자신의 기준으로 교과 과정을 재편성하였다. 이를테면 교육의 혁신이었다. 그러나 그를 이해하지 못한 일부 학인들은 다른 사찰의 강원으로 떠나기도 하였다. 여기에서 만해는 서서히 불교개혁, 유신에 대한 고민을 구체화하였다. 그가 일본에서 보고 배운 문명의 흐름과 한국 불교와의 비교를 통하여 그가 할 일이 무엇인가를 고민하였다. 그는 불교의 실상을 파악하고, 한국 불교의 급선

금강산 표훈사 만해는 일본유학을 마치고 표훈사 강원의 강사로 근무하였다.

무가 무엇인가를 찾아내기 시작하였다.

그가 표훈사에서 학인들을 가르치던 1909년 10월 26일, 중국 만주의 하얼빈 역에서 한국 청년이 쏜 총소리가 하늘을 울렸다. 그는 의병 참모 중장으로 러시아 연해주 일대를 배경으로 일제와 전투를 수행하던 안중근 의사가 한국 침략의 원흉인 이등박문을 저격한 소리였다. 안중근의 의거를 전해들은 만해는 격정에서 자신의 목소리를 만들었다.

안중근의사를 기림 **安海州**

만석의 뜨거운 피 열말의 담력 萬斛熱血十斗膽

한칼을 벼려 내니 서리가 뻗쳐 淬盡一劍霜有滔

고요한 밤 갑자기 벼락이 치며 霹靂忽破夜寂寞
불꽃피는 그곳에 가을 하늘 높아라 鐵花亂飛秋色高

-『한용운전집』 1권, 신구문화사, 1973.

서서히 만해는 민족과 나라에 대한 걱정을 키워가고 있었다. 걱정만을 갖고서는 민족이 겪는 모순의 본질까지 나아갈 수는 없다. 또한 그는 민족문제에 대한 구체적인 대안을 제시하거나, 여타 민족운동에 참가하지도 않았다. 당시 만해 나이도 어언 32세였다. 그는 이미 건봉사의 조실인 만화선사로부터 법을 전수받은 중견 승려였다. 일본에 가서 문명의 본질을 확인하였으며, 명진측량강습소의 소장으로서 운영자의 역할도 해보았고, 강원의 강사도 역임하였다. 그는 다양한 경험을 하면서 고민하였다.

이러한 고뇌를 하면서 그가 구상하고, 세상에 내놓은 대안은 승려의 결혼 문제였다. 이 주장은 만해를 상징하는 대명사로 지칭될 만큼 당시로서는 파격적이었다. 그가 이 주장을 제안한 것은 불교도 변화해야 한다는 기본 전제에서 나왔다. 그는 국가 차원으로 검토할 수 있는, 인구를 늘릴 수 있는 방책의 하나가 승려의 결혼임을 역설하였다. 종교 경쟁의 시대에 구태의연한 계율에 억매이지 말고, 승려의 결혼 여부는 자유스럽게 선택할 수 있도록 하자고 주장하였다. 만해는 이 주장을 담은 건의서를 구한국 정부의 중추원 의장인 김윤식에게 1910년 3월 24일에 제출하였다. 그는 이 건의서를 '중추원 헌의서'라고 칭하였다. 당시 『황성신문』도 이를 보도하면서, 그 주체는 '백담사 승 한용운'이라고 표현

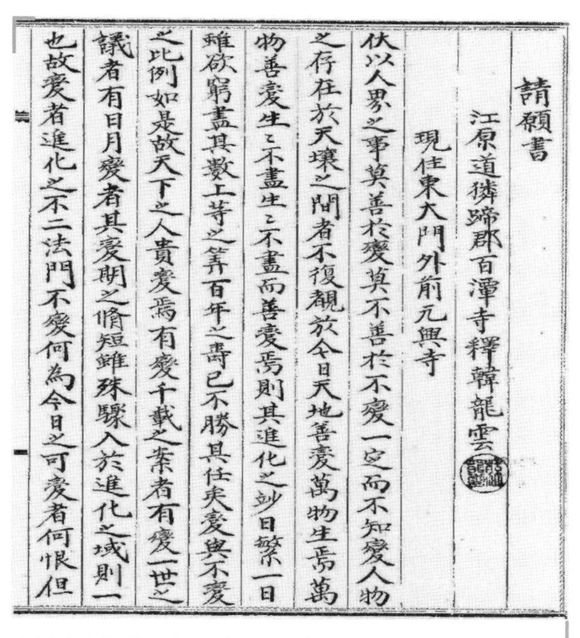
請願書
江原道獜蹄郡百潭寺釋韓龍雲
現住東大門外前元興寺
伏以人類之事莫善於變莫不善於不變一定而不知變人物
之存在於天壤之間者不復覩於今日天地善變萬物生焉萬
物善變生生不盡生生不盡而善變焉則其進化之妙日繁一日
雖欲窮盡其數上等之筭百年之壽已不勝其任夫變與不變
之比例如是故天下之人貴變焉有變千載之業者有變一世之
議者有日月變者其變期之脩短雖殊驟入於進化之域則一
也故變者進化之不二法門不變何為今日之可變者何限但

만해가 승려의 결혼 자유를 허용하자고 중추원에 건의한 청원서(1910. 3.)

하였다. 그런데 승려도 결혼을 할 수 있다는 주장은 당시 불교계에 논란이 되었던 내용이다. 이민우라는 인물도 만해와 같은 주장을 중추원에 그해 4월경에 제출하였다. 그러나 당시 중추원이 이 '헌의서'를 구한국 정부인 내부에 이첩, 건의하였지만 특별한 조치는 나오지 않았다. 다만 중추원 의장인 김윤식은 만해의 헌의서를 보고, 보기 드문 명문名文이라고 하였다고 한다.

만해는 대담하게도 자신이 구상한 승려 결혼의 자유론을 논설로 작성하여 당시 정치의 중심부에 제출했다. 그러나 구한국 정부로부터 어떠한 언질도 받지 못했다. 그러자 그는 구한국 정부에 기대어 불교개혁을 해보려는 자신의 포부를 거두었다. 다만 이 헌의서로 인해 그는 불교계의 유명한 인물로 등장하였다. 1910년 4월 29일, 동화사 내원암에서 거행된 수계식 기념의 동계록同戒錄의 발문을 만해가 지었다. 이는 만해가 설악산 지역에서 벗어나 점차 전국적인 인물로 상승하였음을 말해준다. 만해의 한시 중에는 유운乳雲을 대상으로 한 작품이 몇 편 전하는 것을 보면, 만해와 유운 율사와는 돈독한 관계였다.

만해는 불교개혁의 입장에서 작성하여 제출한 헌의서가 수용되지 않았으나 당초의 소신을 버리지 않았다. 그는 불교개혁의 당위성, 시급성을 논리정연하게 피력할 필요성을 더욱 느꼈다. 이것이 『조선불교유신론』의 집필 배경이다. 그는 1910년 6월 일단 자신의 본사 사찰인 백담사로 돌아왔다. 자신을 승려로 만들어 준, 고민과 진로를 결정할 때는 늘상 찾던 곳이다. 백담사에서 만해는 불교개혁이라는 화두를 붙잡고 뜨거운 여름을 지냈다. 여기에서 만해는 자신만의 매서운 도전의식을 다시 한 번 펼쳐냈다. 불교개혁을 위해서 제시한 승려 결혼의 선택론이 수용되지 않자, 이제는 불교 전체의 개혁을 위한 발걸음을 내딛게 되었다. 만해는 백담사에서 여름을 나면서 『조선불교유신론』을 정열적으로 집필하였다. 그때 만해 상좌인 춘성은 시봉을 하였다.

유신론의 초고를 완료한 만해는 표훈사로 돌아갔다. 그는 그곳에서 민족과 나라의 운명을 뒤바뀌게 한 국권상실이라는 거대한 역사의 격변을 만났다. 1910년 8월 29일, 민족사의 비극의 한 단원을 제공한 경술국치, 조선의 멸망, 일제의 강탈이라는 현실에 대한 만해의 반응은 어떠하였을까? 현전하는 구전을 종합하면 만해는 당시 표훈사 문수당이라는 큰 방에서 저녁 식사를 하는 승려 대중들에게 "이 산중놈들아 나라를 빼앗겼는데 밥숟가락이 주둥이로 들어간단 말이냐"는 대성일갈과 함께 밥과 국을 집어던졌다고 한다. 만해는 절 입구의 주막집에 가서 밤새 술을 먹고 나라 잃은 슬픔과 비통함을 달랬다.

만해는 표훈사, 석왕사에서 심신을 재충전하고 그해 9월 중순경 다시 서울로 올라왔다. 그는 승려 결혼을 허용해야 한다는 건의서를 다시 제출하기 위한 목적에서 나온 것으로 보인다. 비록 나라는 망하였지만 자신의 주장을 담은 건의서를 매듭지으려는 불타는 마음이 작용하지 않았을까? 그런데 이전 구한국 정부는 사라졌기에 그 건의서를 제출받은 당사자는 일제의 통감부였다. 이번 주장도 앞선 건의서의 논조와 비슷했다. 모든 사회제도가 유신하는 시대를 맞이하여 불교도 마땅히 그 대열에 들어가야 한다는 전제하에 승려의 결혼을 금한 것은 방편이라는 입장을 강조했다. 그는 자신이 중추원에 건의하였는데도 불구하고 회신 없음을 환기시키면서 승려들의 의구심이 깊어 가니 그에 대한 조치를 조속히 해 달라고 하였다. 이 건의서 '통감부 건백서'를 제출받은 당사자는 조선총독부 초대 통감인 사이토寺內正毅였다.

여기에서 만해의 끈질긴 불교개혁의 정신을 확인할 수 있다. 진취적인 도전정신도 찾을 수 있지만, 종교의 문제를 정치를 통해 해결하려는 속성도 나온다. 그런데 여기에서 문제가 되는 것은 왜? 만해는 나라가 망한지 불과 한 달밖에 안되었는데 건의서를 재차 올렸는가. 국권상실에 즈음하여 어느 지사는 음독자결을 하고, 일제의 타도를 위해 목숨을

불교개혁을 고민하던 청년 학승 시절의 한용운

걸고, 친일파 처단을 맹서하고, 이국 땅의 독립운동가들은 국권회복을 위한 총을 들었는데 말이다. 이에 대한 설명은 곤혹스럽다. 일단은 만해가 이 시기에는 민족의식이 투철하지 않았다고 이해할 수밖에 없다. 나라가 망한지 1개월도 지나지 않은 때에 승려의 결혼을 그렇게 조속히 인가받아야 할 시급성을 찾을 수 없다. 물론 만해는 승려 결혼의 허용을 포함한 불교개혁을 큰 소리로 외쳐 보았으나 그 누구도 거들떠보지 않았기에 정치의 힘을 이용하여 청원하였다고 솔직히 고백하였다. 그럼에도 불구하고 현재의 관점에서 만해가 두 번째로 통감부에 제출한 건의서는 납득하기 어렵다. 이 시기의 만해는 민족의식이 확연하게 두드러지지는 않았다. 현실의식에서는 나라를 걱정하는 마음은 있었으나 일본에 대한 증오는 있었다 하여도 그 의식이 민족운동 차원으로는 구현되지 않았다.

그러나 만해의 의식은 어떠한 계기만 오면 새로운 단계로 변화될 수 있는 가변성의 용광로였다. 그즈음 전남 구례의 옹골찬 지식인 황현은 나라 잃은 슬픔을 가누지 못하고 1910년 9월 10일, 음독 자결하였다. 그는 자결로써 선비의 부끄러움을 면하고자 하였는데, 이 사실을 전해 들은 만해는 그의 심정을 다음과 같이 피력하였다.

매천 황현을 기림 **黃梅泉**

의에 나아가 나라 위해 죽으니 就義從客永報國
만고에 그 절개 새롭게 꽃피네 一瞑萬古劫花新
다하지 못한 한은 남기지 말라 莫留不盡泉坮恨
그 충절 위로하는 사람 많으리니 大慰苦衷自由人

—『한용운전집』 1권, 신구문화사, 1973.

만해는 황현의 자결을 이렇게 읊고 경기도 장단에 있는 화장사로 발길을 재촉하였다. 이제 그는 일제 당국이 자신의 건의를 수용하는 것에 큰 의미를 두지 않고 자신의 무대로 되돌아갔다. 그러나 자신의 소신을 포기한 것은 아니다. 화장사는 강습소 화산의숙華山義塾을 열어 청년 승려들의 보통교육에 전력을 기울였는데, 만해가 강사에 취임한 것은 1910년 9월 20일이었다. 그렇다면 만해는 통감부에 건의서를 낸 직후 바로 화장사로 간 것이다.

화장사에서 만해의 행적으로 특이한 것은 「여자의 단발론」이라는 글을 썼다는 증언이 있다. 그러나 이 글이 어디에 기고되었는지, 혹은 어떤 연유로 글을 썼는지는 알 수 없다. 당시 만해는 화장사에서 후학을 가르치며 자신이 고민하고 건의한 불교개혁의 미래를 위한 재충전의 길을 가고 있었다. 추측을 더 하면 자신이 그해 여름에 쓴 『조선불교유신론』의 원고를 더욱 다듬지 않았을까? 그의 불교개혁 구상은 그렇게 커 가고 있었다.

임제종운동과 함께 민족불교로 나아가다

1910년 12월 초 만해는 또 다시 백담사로 돌아왔다. 그런데 백담사로 돌아온 것은 한가하게 내설악의 바람소리, 물소리를 만나러 온 것은 아니었다. 만해가 백담사로 돌아와서 한 일은 『조선불교유신론』의 보완이었다. 그 해 여름 자신을 후끈 달구게 한 그 원고를 더욱 세련된 문장으로 가다듬었다. 그리하여 그 서문을 쓴 일자는 '臘月 八日 夜'라고 표현하였다. 즉 1910년 12월 8일 밤에 그 최종적인 원고에 마침표를 찍었다. 그리고 즉시, 백담사를 떠났다.

만해를 백담사에서 떠나게 한 사건이 터졌으니 이른바 원종圓宗의 조동종맹약 사건이다. 당시 한국불교의 종단인 원종은 1908년 3월 6일에 설립되었다. 이 원종은 전국의 승려 대표 60여 명이 원흥사에서 모임을 갖고 만든 근대 한국불교의 최초의 종단이었다. 원종은 종단 인가를 받기 위한 다양한 노력을 지속적으로 하였는데도 불구하고 당시까지도 공인된 종단으로 인가를 얻지 못하였다. 그 과정에서 원종의 대표인 해인사 승려 이회광은 일본 승려와 친일파까지 동원하였다. 이처럼 원종이 인가를 얻지 못한 것은 행정권의 대부분이 일제의 통감부로 넘어간 현실과 무관하지 않다. 즉 일제는 일본불교를 이용하여 한국의 강탈을 도모하고 있었지만 더 이상 일본불교의 개입은 필요 없었다. 한국을 강탈하게 되면 자신들의 입맛에 맞는 친일적인 불교 교단을 만들거나 혹은 별도의 불교정책을 고려하겠다는 것이다. 때문에 원종의 이회광이 어떤 노력을 하여도 결코 인가될 수 없었다. 원종 인가가 지지부진한 가운데 나라는 망하였는데, 바로 그 지경하에서 이회광은 전국 사찰 대표들에게 일본에 건너가 원종 인가를 추진하고, 일본불교의 도움을 받아서 불교발전을 도모하겠다는 의사를 표하였다. 그러자 사찰 대표들은 이회광의 충정을 이해하고 이회광이 한국불교의 대표로서 일을 추진할 수 있다는 위임장에 서명하였다.

1910년 9월 초 일본에 건너간 이회광은 일본불교 조동종의 본부를 찾아가 조동종과의 비밀 조약을 맺고 돌아왔다. 이 조약은 조동종맹약이라고 부른다. 그 조약 내용은 원종과 조동종은 연합 동맹하고, 원종의 인가를 위해 조동종이 협조하고, 원종은 조동종의 한국 포교에 협조하며, 원종은 조동종의 포교사를 초빙하여 각 사찰의 교육을 위촉한다는 것이었다. 이 조약의 형식과 내용을 비판적으로 살피면 한국불교로서는 자존심을 저버리고, 역사와 전통을 무시당한 것이었다. 더욱이 일본불교의 일개 종파인 조동종에 한국불교 전체가 영구히 연합 동맹한다는 표현에 가서는 한국불교의 정체성을 내팽개친 것이었다. 만해는 이 조약에 대하여 "조선의 사찰 관리권과 포교권과 재산권을 모두 양도하는 실로 놀라운 것이었다"고 표현하면서, 이회광의 행동을 '주착없는 계약'을 한 것으로 회고했다.

이와 같은 맹약을 10월 6일에 맺고 그해 10월 11일에 귀국한 이회광은 전국 주요 사찰을 순방하면서 일본에서의 활동을 보고하였다. 그런데 그는 자신의 업적은 강조하면서도 그 맹약의 내용은 이야기하지 않고, 체결을 무조건 동의해 달라고 하였다. 그러나 사찰의 주지들은 내용도 모른 상태에서 무조건 동의를 해줄 수는 없었다. 그런데 우연한 계기로 그 내용이 전불교계에 알려지면서 파문은 엄청나게 퍼졌다. 특히 경상도, 전라도 지방 사찰에서의 반발은 대단하였다. 이에 그 지역의 사찰을 배경으로 박한영, 진진응, 김종래 등의 승려가 임제종운동을 반대하는 집회를 준비하였다. 그 집회는 1910년 11월 말(음력 10월 15일) 광주의 증심사에서 열릴 계획이었다. 대회 주도자들은 각처에 격문을 보내는 등 대회 성사를 위해 다양한 노력을 하였으나 참가자가 적어 대회는 무산되었다.

만해도 그 소식을 들었을 것이다. 당시 백담사에서 만해를 시봉한 이춘성은 만해는 자신에게 그해 여름에 쓴 원고 뭉치 『조선불교유신론』의 초고를 맡기고 그 해 초겨울, 전라도로 향하였다고 한다.

1910년 겨울, 만해가 간 곳은 광주의 증심사였다. 증심사에서의 집회는 참가자가 적어 성과가 없었다. 대회 주도자들은 만반의 준비를 다시 하였다. 만해의 동참은 천군만마를 얻은 것과 같았다. 만해는 박한영, 진진응, 김종래와 함께 궐기하여 호남지방의 사찰을 배경으로 저항의 깃발을 올렸다. 이때 만해는 전라도 사찰을 돌면서 불교교육에 대한 중요성을 일깨워주기도 했다.

만해와 박한영을 비롯한 승려들의 철저한 준비로 1911년 1월 15일(음력) 송광사에서 조동종 맹약을 규탄하는 총회가 다시 열렸다. 대회는 전라도, 지리산 일대의 사찰 승려 300여 명의 호응에 의해 가능했다. 대회에서는 조동종 맹약의 분쇄를 결의하고, 그 대응을 위해 임제종을 내세우고, 종무기관인 종무원宗務院을 세웠다. 종무원장은 선암사의 강백인 김경운金擎雲을 선출하였다. 그런데 김경운은 나이가 많아 운동에 참여할 수 없어, 한용운이 서무부장으로 그 직무를 대리하였다.

대회에서 임제종을 내세운 것은 한국불교는 선종의 다섯 계열에서도 임제종 계열임을 표방한 것이다. 그러나 임제종 표방은 하나의 명분이고 그 실제는 일본불교에 예속되어 가는 정황을 차단하기 위한 것이다. 요컨대 민족불교 지향을 선포한 것이다. 나라가 망한 지경에서 불교마저 일본불교로 예속된다는 것은 정신과 문화마저도 완전 빼앗김을 말한다. 이런 지경을 불교인들이 막지 못한다면 누가 그를 막겠는가.

임제종 종무원을 설립한 대회 주도자들은 임제종을 널리 알리기 위한 홍보 활동을 다각적으로 추진하였다. 당시 일제는 임제종의 전면에서 활동하는 만해의 이력, 동정을 자세히 파악했다. 임제종의 취지서와 규칙을 작성하고 송광사에 임제종 종무원을 반듯하게 세우기 위해 노력하는 만해의 동정을 파악한 일제의 비밀 문건이 전한다. 1911년 3월 16일 만해는 임제종의 서무부장을 사임하고, 종무원의 관장으로 취임하였다. 그래서 임제종은 대부분 만해의 판단으로 움직였다. 그 해 5월 5일, 만해는 임제종 제2회 총회를 쌍계사에서 개최하였다. 총회에서는 100여 명의 승려들이 모여 임제종을 확장하기 위한 차원에서 범어사를 임제종으로 가담시키기 위한 결의를 하였다. 당초 범어사는 송광사 총회에 초청되지 않았다는 이유로 임제종에 가담치 않았기에 만해를 비롯한 대표 5인이 범어사로 가서 가입을 권유하였다. 그 결과, 범어사로 임제종 종무원을 옮긴다는 전제하에 범어사는 임제종에 가담하였다. 재정이 튼튼하고 선풍을 중흥시키던 범어사의 참가는 큰 의미가 있었다.

이때부터 임제종은 각처에 포교당을 지어 임제종단의 위세를 강화시키면서, 임제종지를 널리 알리는데 주력하였다. 그리하여 부산, 대구, 서울, 광주에 포교당을 개설하였다. 이 중에서 가장 중요한 역할을 한 것은 서울에 세워진 임제종 중앙포교당이었다. 이 포교당은 서울의 인사동에 소재하였는데 그 건립은 만해와 범어사의 헌신으로 이루어졌다. 1911년 11월부터 본격화된 그 포교당 건립은 '조선 임제종 중앙포교당'의 이름으로 나타났다. 당시의 주소인 경성 사동 28통 6호에 위치한 포교당의 건립 자금은 범어사, 화엄사, 통도사, 백양사, 천은사, 구암사, 용흥사, 관음사 등의 사찰에서 모집한 후원금으로 충당되었다. 만해는 그 모금액을 4,000원으로 정하고 모금활동에 들어갔다. 모금된 당시 돈 3,000원이 포교당 건립자금으로 투입되었다.

만해가 정열을 다해 추진한 중앙포교당 사업은 일단락되었다. 포교당은 1912년 4월 10일에 준공되었다. 5월 26일에는 수천의 군중이 운집한 가운데 개교식이 거행되었다. 개교식에서 만해는 포교당의 책임자로서 건립 과정과 개설의 취지를 설명했다. 이때 정운복과 이능화는 축사를 했고 백용성白龍城은 개교사장開教師長으로서 교리 설명을 하였다. 백용성은 이후 3년간 만해와 함께 포교당에서 생활하면서 도회지 포교에 주력했다. 만해로서는 백용성의 동참이 큰 도움이 되었다. 백용성은 전북 장수 출신의 승려로 해인사에서 출가하였고 치열한 수행을 거친 깨달은 선사였다. 그는 1911년 상경하여 서울 종로에서 선의 대중화 활동을 했다. 백용성이 만해와 호흡을 함께 한 것은 임제종 포교당의 발전에 도움이 되었다. 이런 연유로 두 사람은 3·1운동 시 민족대표로 피선되어, 불교 대표로 활동하였다. 그 무렵 천도교의 이종일은 민족문화의 수호와 유지를 위한 범국민운동을 추진하였는데 불교 측과 협의를 위해 임제종 포교당으로 한용운을 찾아갔다. 그러나 만해는 민족문화의 수호보다는 민생 안정이 더 중요하다면서 거절하였다.

한편, 임제종 포교당이 하늘을 찌를 듯한 기세로 활동을 시작하자 일제는 포교당의 앞길을 차단했다. 포교당 건립을 위한 모금액 4,000원을 일제에 허가를 얻지 않고 모금한 빌미로 만해를 경찰서로 끌고 갔다. 경찰에 압송된 만해는 경성지방법원의 검사국으로 압송되었다. 일제는 만해에게 기부금품 모집 취제 규칙의 위반을 걸어 벌금 30원의 형을 선고하였다. 이를 이행하지 못할 경우에는 20일 간의 노역에 처한다고 그해 6월 21일에 판결하였다. 일제는 임제종운동을 하지 못하도록 판결한 그날, 만해를 경성부 관청으로 소환했다. 친일승려인 원종의 이회광과 강대련도 함께 소환되었다. 일제는 만해, 이회광, 강대련에게 임제종과 원종의 간판을 철거하라고 명하였다. 이 조치에 대해 원종 측에서는 30본산주지회의 결과에 의해 이미 3일 전에 철거하였다고 응답하였다. 만해

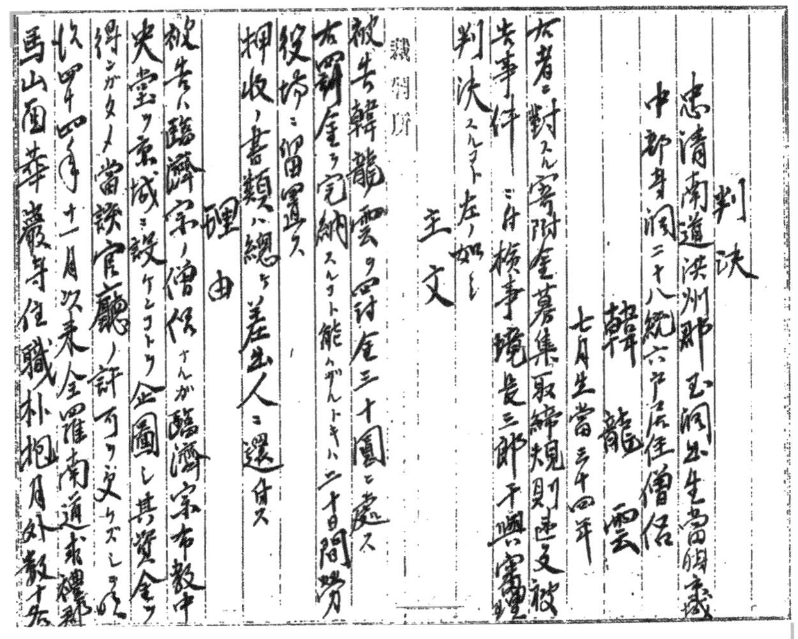

判決

忠清南道洪州郡玉洞出生當時四十歳

中部寺洞二十八統六戸居住僧侶

韓龍雲

七月生當三十四年

右者ニ對スル寄附金募集取締規則違反被

告事件ニ付検事境長三郎干與審理

判決スルコト左ノ如シ

主文

被告韓龍雲ヲ罰金三十圓ニ處ス

右罰金ヲ完納スルコト能ハザルトキハ二十日間勞

役場ニ留置ス

押收ノ書類ハ總テ差出人ニ還付ス

理由

被告ハ臨濟宗ノ僧侶ナルカ臨濟宗布教中

央堂ヲ京城ニ設ケンコトヲ企圖シ其資金ヲ

得ンカタメ當該官廳ノ許可ヲ受ケズシテ明

治四十四年十二月以來全羅南道求禮郡

馬山面華嚴寺住職朴抱月外數十名

만해의 임제종 관련 판결문 일제는 만해가 추진한 포교당 건립을 위한 모금이 불법이라고 하여 만해를 기소하여 판결하였다.

는 그 자리에서 어떤 반응을 보였는가는 전하지 않는다. 임제종 간판도 '즉시' 철거되었다고 기록에는 전한다.

원종 측의 본산 주지들은 철거 명령 이전에 일제가 정한 구도에서 불교 활동을 하기로 이미 결의하였다. 그 결과 종단의 이름을 사찰령에서 정한 '조선불교선교양종'이라는 기형적인 명칭을 따르기로 하였다. 그러나 만해는 이런 구도에 합류할 수는 없었다. 그는 기존의 명칭 임제종 대신에 '조선 선종'이라고 변경하였다. 그리하여 포교당 명칭은 '조선 선종 중앙포교당'으로 전환되었다. 범어사의 주지 오성월은 본산 주지 총회에서 한국불교의 종명은 임제종으로 해야 한다고 강력 주장하였지만 친일 주지들의 반대로 성사시키지는 못하였다. 범어사는 대내외의 공문에 임제종의 본거지임을 기재하였다. 그러나 이 조치도 일제의 강압으로 포기할 수밖에 없었다.

만해는 일제의 강압으로 임제종운동이 좌절당하였지만 결코 포기하지 않았다. 그는 이 운동을 높이 평가하면서, 일제하 불교청년운동의 개막으로 인식했다. 만해는 『불교청년운동을 부활하라』(『불교』 신10집, 1938. 2.)는 논설에서 조선불교의 역사적 페이지를 돌려놓은 것으로도 평가했다. 불교청년들은 피가 뛰고 주먹이 쥐어져 있어서 부르기만 하면 어디든지 달려갈 자세였다고 했다. 임제종운동은 불교청년운동의 효시였을 뿐만 아니라, 불교 민족운동의 정신을 만들어 준 탯줄이었다. 이 점은 만해가 그 정황을 회고한 글이 있다.

> 임제종 운동의 지도자는 그를 간파하고 일사천리로 운동을 진행함에 제際하여, 각 사寺의 청년계급을 중심으로 하여 제일선에 세우기로 하였다. 혹은 문자로 혹은 언론으로 그들을 충동하고 훈련하기에 노력한 결과 아직 미탁未琢의 옥玉인 불교청년들은 초발심의 의분을 이기지 못하여 개인으로 단체로 원종의 매종행위에 대한 임제종의 반항적 행동을 선전하고 실천하기에 심력을 경주하여 많은 효과를 얻었다. 그것이 조선불교청년운동의 발원發源이 되는 것이다.
>
> 조선역사의 일부분을 개조한 기미운동이 일어나자, 조선의 청년들은 항

> 분亢奮, 긴장, 함소含笑, 차탄嗟嘆 실로 그 몸의 둘바를 몰랐다. 그러므로 각종의 운동은 우후의 죽순 그대로의 현상이었다.
>
> –「불교청년총동맹에 대하여」, 『불교』 86호, 1931. 8.

이러한 뜻깊은 운동의 전면에 만해가 굳건하게 자리 잡고 있었다. 그의 담력, 기백, 정신이 한국불교의 전통을 지켰다고 말해도 지나침은 아니다.

무소의 뿔처럼 불교 대중화의 길을 개척하며

만해는 열성을 다해 추진한 임제종 운동이 일제의 압력으로 중단되자 허탈하였다. 그래서 1912년 가을, 나라를 빼앗긴 슬픔도 달래고 자신이 추진하는 임제종운동 좌절에 대한 마음을 추스르기 위한 목적으로 만주로 떠났다. 만주에 가서 동포들의 상황도 살피고 그곳의 독립운동의 동향을 파악하려는 마음도 있었다.

이때에 나는 대삿갓을 쓰고 바랑을 지고 짧은 지팡이 하나를 벗삼아서 표연히 만주길을 떠났었다. …… 나는 그때에도 불교도이었으니까 한 승려의 행색으로 우리 동포가 가서 사는 만주를 방방곡곡이 돌아 다니며 우리 동포를 만나 보고 서러운 사정도 서로 이야기 하고 막막할 앞길도 의논하려 보리라 하였다. 그곳에서 조선사람을 만나는대로 이런 이야기 저런 이야기로 이역 생활을 묻기도 하고 고국사정을 전하기도 하였다. 그리고 그

죽엇다가 다시살아난이약이

—滿洲山間에서青年의拳銃에마저서—

韓龍雲

죽다가 사라난이약이! 그것도벌서 二十년전일이나 긔억조차 안개가티 몽롱하다。조선천지에 큰바람과큰비가지나가고 일한이병합이되든 그이듬해이니 아마일천구백십일년가을인가보다。뭅시더울든더위도 사라지고 온우주에는 가을긔운이새로올때이엇다。금풍은나뭇닙을 흔들고 버레는찬빗해울어 멀리잇는 정인의생각이 간절할때이다。

× ×

이때에나는 대삿갓을쓰고 배랑을지고 짜른집행이하나를 벗삼아서 표연히만주(滿洲)길을 써낫섯다。조선에시세가변한이후로 조선사람이 사랑하는 조국에서 살기를질기지안코 그무슨뜻을품고 오라는이도업고 오기바라는사람도업는 만주를향하야 남부녀대로 막々한 만주벌판으로 건너서는 사람이만하다。그중에는 고국에서 먹고살수업서 가는사람도잇섯고 또그무슨뜻을품고간사람도 만핫다。

× ×

나는그때에도 불교도(佛敎徒)이엇스낫가 한승려의 행색으로 우리동포가 가서사는만주를 방방곡곡이 도라다니며 우리동포를맛나보고 서른사정도서로이약이하고 막々한압길도의론하여보리라 하엿다。그곳에서 조선사람을 맛나는대로 이런이약이저런이약이로 여역생활을맛기도하고 고국사정을전하기도 하엿다。그리고 그곳동지와합력하야 목자(牧者)를 일흔양(羊)의떼가티 동서로표박하는동포의 지접할긔관, 보호할방침도 상의하엿다。

만해가 만주 지방을 순행하면서 겪은 일을 회고한 글 「죽었다가 다시 살아난 이야기」(『별건곤』 8호, 1927. 8.)

곳 동지와 협력하여 목자를 잃은 양의 떼 같이 동서로 표박漂迫하는 동포의 지접止接할 기관, 보호할 방침도 상의하였다.

–「죽었다가 다시 살아난 이야기」, 『별건곤』 8호, 1927. 8.

그 전후사정은 만해가 그 당시를 회고한 글에 나오듯이 그는 대삿갓과 지팡이를 벗삼아 만주로 향하였다. 모험정신이 발동한 그는 만주 서간도의 유하현 일대로 가서 동포들을 만나 이야기를 하고, 동포들을 보호할 수 있는 방침도 상의하였다. 만주 지역의 독립운동가인 김동삼, 이시영, 이회영을 만난 것도 그때였다. 만해는 만주 독립운동의 실상을 확인하고 귀국 길에 올랐다.

그러나 만해는 귀국하는 도중에 거의 죽다 살아난 사건을 만났다. 당시 만주는 독립운동의 근원지이기에 일제의 지속적인 감시의 눈이 집요했다. 때문에 외지에서 온 사람들은 친일파, 일제의 앞잡이로 생각하기에 충분한 정황이었다. 바로 이 경우가 만해에게 닥쳤다. 만해가 두메산골에서 자고 굴라재라는 고개를 넘어가는데, 그 뒤를 한국인 청년 3명이 미행하였다. 나무가 하늘을 찌를 듯이 무성한 곳의 고개를 넘는데 그 청년들이 만해에게 총을 쏘았다. 만해는 그들이 쏜 두 발의 총알을 맞았다. 만해는 그들에게 호령을 하려고 하였으나 힘이 다하여 쓰러지고 말았다. 갑자기 힘이 빠지고 감각이 없어지고, 나아가서는 편안함을 느끼게 되었으니 죽음의 일보 직전이었다.

그런데 비몽사몽간에서 만해의 뇌리에 관세음보살의 환상이 나타났다. 만해는 어여쁘고, 아름답고, 절세의 미인인 그 보살이 드러누운 자신에게 미소를 던졌다고 회고한다. 정답고, 달콤한 미소를 만해에게 보낸 보살은 꽃을 만해에게 던지면서, "네 생명이 경각에 달렸는데 어찌 이대로 가만히 있느냐"고 하였다. 이 소리를 들은 만해는 즉시 정신을 차려 주위를 살폈다. 그랬더니 자신의 피가 흘러 도랑을 이루고, 그 청년들은 자신의 짐을 조사하고 있었다. 만해는 오던 길을 되돌아 왔다. 이는 청년들을 따돌리기 위한 방책이었다. 자신이 흘린 핏자국을 남기지 않으면서 살기 위한 계책이었다. 마침내 고개 너머의 중국 사람의 집으로 찾아가니, 그 집에 있었던 사람들이 피 흘리는 만해를 헝겊 조각으로 싸주었다. 그곳까지도 청년들이 뒤쫓아 왔으나, 만해가 "총을 놓을 터이면 다시 놓아 보라"는 호통에 달아났다. 이 사건으로 만해는 구사

신흥무관학교를 건립한 이회영

일생의 삶을 살게 되었지만, 평생을 머리를 휘휘 돌려야 하는 후유증搖頭症으로 고생을 하였다.

나는 그 집에서 대강 피를 수습하고 그 아래 조선사람들 사는 촌에 와서 달포를 두고 치료하였다. 총알에 뼈가 모두 으스러져서 살을 짜개고 으스러진 뼈를 주워내고 긁어내고 하는데 뼈 긁는 소리가 바각 바각 하였다. 그러나 뼈속에 박힌 탄환은 아직도 꺼내지 못한 것이 몇 개 있으며 신경이 끊어져서 지금도 날만 추우면 고개가 휘휘 돌린다.

만해는 만주에서 모험정신의 발로로 아주 호된 대가를 받았다. 마침 그곳에 있었던 독립운동가 김사용의 안내로 통화병원에 갔다. 만해는 부상의 치료를 함에 있어 마취도 없이 고통을 견뎠다. 당시 만해를 치료한 한국인 의사는 해방 이후 귀국하여, "생전에 그렇게 지독한 사람은 처음 봤다"고 회고했다. 만해의 만주행, 그 추억은 만주 독립운동가인 이회영의 부인(이은숙) 회고록에 생생하게 나온다.

만주를 오고 싶으면 미리 연락을 하고 와야지 생명이 위태치 않은 법인데, 하루는 조선서 신사 같은 분(만해 한용운을 가리킴)이 와서 여러분께 인사를 다정히 한다. 수삭을 유하며 행동은 과히 수상치는 아니하나, 소개 없이 온 분이라 안심은 못했다.

하루는 그 분이 우당장(필자 주, 이회영), 자기가 회환하겠는데 여비가 부족이라고 걱정을 하니, 둘째 영감께 여쭈어 30원을 주며 무사히 회환하라고 작별했다. 수일 후 그 분이 통화현 가는 도중에 굴라제 고개에서 총살을 당했으나 죽지 않고 통화병원에서 입원 치료중이라고 하였다. 우당장께서 놀라셔서 혹 학생의 짓이나 아닌지 학생을 불러 꾸짖고, '아무리 연락 없이 왔지만 그의 행동이 침착 단정하거늘, 잘못하다 아까운 인재이면 어찌하나' 하고 십분 상심詳審하라고 당부하시던 것을 내 보았노라.

내가 정사년(1917)에 가을 제, 무오년(1918년)인 듯 하나, 하루는 우당장께서 안으로 들어오시며 미소를 띠고 나더러, '연전年前에 합니하서 소개 없이 청년 하나 오지 않았던가? 그 분이 지금 왔어. 자기가 통화가다 총을 맞던 말을 하며 "내 생명을 뺏으려 하던 분을 좀 보면 반갑겠다"고 하니, 그 분은 영웅이야'. 하시며 '내 그때 학생의 짓이나 아닌가 하여 학생들을 꾸짖지 않았소? 그러나 그 분이 총을 맞고 최후를 마쳤으면 기미 만세에 「독립선언서」를 누구하고 같이 짓고, 33인의 한 분이 부족하지 않았을까?'

– 이은숙, 『민족운동가 아내의 수기』, 정음사, 1975.

만해의 만주 추억은 독립운동사에 길이 남을 비사이다. 만주에서 돌아온 만해는 임제종 운동을 적극 후원한 범어사로 내려갔다. 그는 범어사에서 휴식을 가지려는 것도 있었겠지만, 또 다른 민족운동을 작정하기 위함이었을 것이다. 만주에서 쓰라린 추억을 안고 귀국한 만해가 범어사로 내려갔음은 다음의 보도기사에서 찾을 수 있다.

> 중부 사동 불교포교당에 있는 한용운 화상和尙은 북간도와 서간도의 불교를 포교할 목적으로 지나 간 음력 팔월(필자주, 1912년) 경에 해량디로 건너갔다가 항마적을 만나 전신의 세 곳이나 총을 마져 생명이 대단히 위험하더니 다행히 내지인의 고명한 의사에게 치료를 받아 완전히 낫음으로 근경에 돌아와서 경성에 잠간 체재하다가 일전에 동래부 범어사로 내려 갔더더라.
>
> -「한화상의 피상」, 『매일신보』 1913. 1. 7.

구사일생으로 생명을 구한 만해는 휴식을 취하면서도 임제종운동의 좌절을 극복하기 위한 고민을 하였다. 그는 범어사에서 자기가 해야 할 일을 점검하고 실천할 일을 하나, 둘 시작하였다. 우선 임제종 중앙포교당을 조선 선종포교당으로 명칭을 변경하면서 추진한 사업들을 재검토하였다. 이렇듯이 재검토한 사업, 추진 방향에 대해 지속적인 재정적 후원을 받으려고 정성껏 범어사에 설명했다.

포교당 사업을 조율한 그는 1913년 봄 무렵, 상경하였다. 그 후에 추진한 것은 1910년 여름에 집필한 불교개혁의 당위성과 방법을 서술한 원고 『조선불교유신론』의 출간이다. 한국 근대불교의 기념비적인 의의를 갖고 있는 이 책은 1913년 5월 25일 불교서관에서 발행하였다. 분량은 80페이지로, 한문체로 서술하였는데 한국불교의 개혁을 위한 18장으로 구성되었다.

그는 『조선불교유신론』에서 불교는 자유주의, 평등주의 사상에 입각하였음을 우선 제시하였다. 만해가 『조선불교유신론』을 간행한 것은 불교의 개혁과 유신을 통하여 불교의 대중화를 조속히 이루려는 의도였다. 그러나 당시 불교계는 만해의 마음을 이해한 승려도 매우 적었고, 불교 개혁에 나설 움직임도 희박하였다. 더욱이 나라가 일본에게 강탈당하였으며, 기독교의 공격적인 포교로 인하여 나아갈 방향의 갈피를 잡기조차도 어려웠다. 그래서 만해는 자신의 마음을 완전 공개하여 뜻을 같이 하는 동지들에게 자신의 구상을 전하였다. 이는 『조선불교유신론』의 서문에서 불교 유신에 대한 구상을 한지가 오래되었음과 실행을 할 형편은 안 되지만 자신의 구상을 개진함으로써 자신의 쓸쓸함을 달래려는 의식이 있다고 피력한 것에서 알 수 있다. 그러나 만해는 자신의 불교 유신의 구상을 필요로 하는 모든 사람들에게 전하고 싶은 마음을 감추지는 않았다. 만해의 이 유신론에는 양계초의 현실인식과 사회진화론의 관점이 대거 반영되어 있었다. 그러나 서양 사조에 영향 받으면서도 만해는 불교의 자유·평등 정신, 모험 정신, 경쟁 정신의 토대에서 자신의 입론을 전개하였다.

만해의 불교개혁 정신을 집약한 『조선불교유신론』(불교서관, 1913)

그런데 만해가 여기에서 주장한 각 분야의 공통적인 내용은 파괴와 파격 그 자체였다. 그래서 보수적인 승려들에게 엄청난 비판을 받았다. 그

만해가 팔만대장경의 핵심을 발췌, 정리하여 발간한 『불교대전』(범어사, 1914. 4.)

러나 찬성 발언도 많았다. 이 책은 근·현대 불교계의 수많은 불교인들이 애독한 불교개혁의 지침서였다. 나아가 불교가 제 역할을 해야 한다는 소박한 생각을 가져본 사람이면 이 책을 읽지 않은 사람이 없다.

그런데 만해는 이 유신론의 9장인 '승려의 단결'을 1913년 2~3월에 『조선불교월보』 13호, 14호에 나누어 기고하였다. 그가 이처럼 유신론의 일부를 간행 이전에 게재한 것은 불교 개혁에서 제일 중요한 것이 승려의 단결이라는 판단에서 나왔다. 그리고 흥미로운 것은 이 기고문의 필자인 자신의 이름을 '만해생萬海生'으로 하였다는 것이다. '만해'라는 별호 혹은 필명이 문헌상으로는 최초다.

만해는 『조선불교유신론』이 발행되기 직전인 1913년 5월 19일에 통도사 강원의 강사로 취임하였다. 이 책 속표지에 저작자 주소가 '통도사내通度寺內'로 기재되었음도 그를 말해준다. 그는 통도사 안양암에 머물면서 학인들을 정열적으로 지도하였다. 그리고 자신부터 불교 유신을 위한 노력을 하기로 작정하였다. 그는 불경의 핵심적인 내용을 선별, 번역하여 출간하는 것이었다. 대장경은 승려들뿐만 아니라 일반 대중들은 양의 방대성과 난해성으로 인하여 접근조차 할 수 없다. 그는 1912년 12월부터 통도사에 보관되어 있는 팔만대장경 1,511부, 6,802권을 신속하게 읽어 내려갔다. 그는 불교의 사상, 교리, 내용을 번역하여 대중들에게 전달하기 위함이었다. 이렇게 하여 나온 것이 『불교대전佛教大典』이다. 대장경의 요체를 정리하여 책으로 펴냈던 것이다.

만해는 『불교대전』의 범례에서 발간 취지를 중생의 지덕智德을 계발하기 위해, 일반인의 역해譯解 보급이라고 피력했다. 여기에서 『불교대전』이 대중을 위한 것임을 거듭 확인한다. 만해는 일본 유학시에 일본 정토진종의 승려인 난조분유南條와 마에다 에운前田이 지은 『불교성전』(1905)이 널리 읽히는 것을 보았다. 그는 그 책을 참고하였지만 자신의 구상을 독자적으로 밀고 나갔다. 『불교대전』은 서품序品(경전의 중요성), 불타품佛陀品(부처의 지혜와 자비), 신앙품信仰品(발심과 신심), 업연품業緣品(업과 무상·인과윤회), 자치품自治品(자신의 연마), 대치품對治品(가정윤리·박애·대인관계 등 대사회), 포교품布敎品, 구경품究竟品(해탈과 열반)의 9개 장으로 구성되어 있다. 인용한 경전이 444권에 달하고, 800페이지인 대작이다. 마침내 그의 피나는 작업은 결실을 보아, 1914년 4월 30일 범어사에서 출간되었다. 만해는 자신의 혼과 정열을 다해 간행한 이 책을 불교청년들에게 꼭 읽도록 권유하였다.

『조선불교총보』 8호(1918.3.)에 게재된 『불교대전』의 광고 문안

『불교대전』은 발간 즉시 불교계 내외에 큰 반향을 일으켰다. 당시 불교 잡지인 『해동불보』 6호(1914. 4.)에서는 이를 광세曠世의 대저작이고,

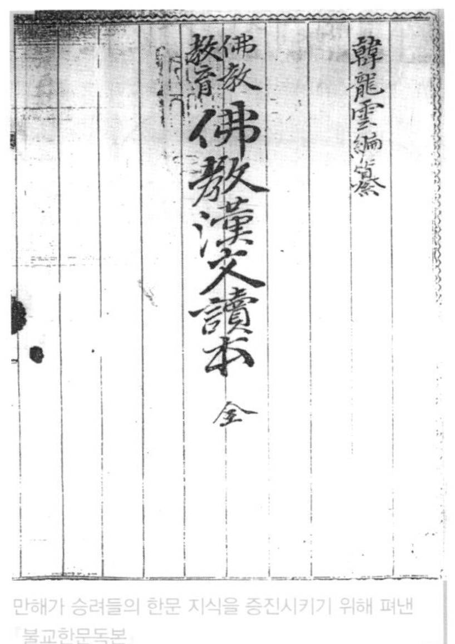

만해가 승려들의 한문 지식을 증진시키기 위해 펴낸 『불교한문독본』

불교의 포교·교과서에 금과옥조이며, 일반사회에게는 복음福音이라고 전하였다. 그래서 순식간에 찾는 사람이 무척 많았다고 한다. 『조선불교총보』 8호(1918. 3.)에 게재된 광고에는 "선계禪界에 명名한 한용운화상의 소찬所撰으로 간행 미기未幾에 수천 부를 매출한 대서大書로, 서적계에 기록을 파波하였다"고 나온다. 그런데 『불교대전』의 사상은 무엇인가? 그는 부처의 사상을 모든 중생, 신도, 일반 대중에게 평등하게 전하겠다는 강렬한 보살정신이다. 그는 이 편찬 작업을 할 때, 1913년 5월 19일부터 통도사 강원의 강사로 근무하였다. 통도사 강사가 여럿이 있었지만 만해는 '고추여래'라고 불릴 정도로 학인들에게는 무서운 강사로 통하였다. 통도사 말사인 표충사에서 강연을 한(1913. 9. 20.) 것도 기록에 전한다.

만해가 이처럼 학인들의 교육을 혁신적으로 수행한 정신은 그가 그즈음에 펴낸 『불교교육한문독본』이라는 교육용 교재에서도 찾을 수 있다. 경상북도 용문사와 명봉사가 연합하여 운영한 예천 포교당에서 교재로 사용한 흔적이 전한다. 구체적인 내용을 보면 권1은 기초한자와 어휘 습득, 권2는 교양과 고사, 권3은 기본 구문을 확대한 문장, 권4는 불교 원전을 소개했다. 한문 습득과 불교의 내용을 접목시키려는 의식에서 기획되었는데, 만해의 교육에 대한 치열함과 불교 교육의 개혁성을 알 수 있다.

이렇듯 불교 대중화를 위한 저술 작업이 가시적인 성과를 내면서, 만해의 발길은 다시 서울로 향하였다. 『불교대전』이 출간된 1914년 4월 이전에 그는 서울에 머무르고 있었다. 그는 서울에 올라오자마자 1914년 4월부터 조선불교강구회朝鮮佛教講究會 총재로 활동했다. 이 강구회는 서울에 유학 온 승려인 불교고등강숙 학생들이 불교를 발전시키려는 목적으로 설립한 단체였다. 강구회는 불교의 현실을 분석하고, 대안을 내놓고, 강연회를 주관했다. 만해는 강연회에서 불교계의 현실을 비판하면서, 불교계의 미래에 대해 열변을 토했다.

만해는 강구회 활동을 통하여 그를 따르던 수많은 학생, 불교청년들을 조직하여 또 다른 조직을 만들어냈으니 그는 조선불교회였다. 1914년 8월, 회장으로 취임한 그는 불교의 문제점을 직접 해결하고자 하였다. 이는 그가 강조한 불교 유신을 직접 수행하려는 것이었다. 만해는 불교의 유신이라는 방향에서 다양한 활동을 하였음에도 불구하고 통일기관이 없어 성적이 부진하다고 보았다. 그래서 통일기관을 설립함에 있어 기존 사찰의 권한은 인정하면서도 승려와 신도들을 융합하는 방향에서 통일기관을 만들려고 하였다. 불교 사업을 추진하면서 30본산의 주지는 배제했다. 만해의 의도는 일제가 정한 제도의 틀을 벗어나 통일기관을 만들고, 그 기관 주도로 사업을 추진하는 것이다. 그렇지만 본산 주지들의 즉각적인 반발을 가져왔다. 만해와 주지들의 의견이 충돌되자, 일제의 서울 북부경찰서 고등계는 조선불교회를 조사하고, 주지 배제의 활동은 불가하다고 엄포를 놓았다. 만해는 할 수 없이 조선불교회 명칭을 수정하고, 조직의 기반을 불교청년에 두고 재추진하였다.

> 지금 자세한 내용을 들은즉 원래 한용운 화상의 불교회 발기 취지는 단순히 조선의 불교를 진흥하며 널리 미치기를 도모코저 함이라는바 삼심본산 주지의 간섭 여부로 분쟁이 생겨 당국의 제지로 할 수 없는 사세에 이르러 다시 계교를 내어 불교동맹회라는 이름으로 고쳐서 각 절에 있는 청년들을 상경하라고 발첩하였고 기타 동대문밖 주지회의소 안에서 강습하고 있는 학생까지 권유하여 기어코 목적을 달성키로 결심하고 명 일요일에 고양경찰서 관내 청수동 근처 청암사에 모여 협의할 터이더라.
>
> –『매일신보』, 1914. 8. 22.

불교동맹회로 명칭을 바꾸고, 그 기반은 각처의 불교청년과 불교고등강숙의 학생으로 삼으려 하였다. 만해는 그 해 9월 10일경, 조선불교회의 본부를 서울 낙원동에 두겠다는 신고서를 서울 북부 경찰서에 제출하였다. 그러나 일제는 만해의 의도가 30본산 주지의 권한을 벗어난 것이기에 인정할 수 없다면서 반려하였다.

이렇듯, 만해의 줄기찬 행보도 일제의 외압으로 그 해 9월 말에 가서는 중단되었다. 고등강숙의 학생들이 만해를 따르자, 친일노선을 가던 강숙의 책임자인 이회광은 본산으로 공문을 보내 학생의 상경을 막았으나 그것도 여의치 않자 학교를 폐쇄시켰다. 그러자 만해는 허탈하고 의

욕이 위축되었다. 그래서 지친 심신도 달래고 각처의 선지식도 만나고 불교청년들을 격려하려고 서울을 떠났다. 그는 전라도, 경상도 일대의 주요 사찰을 돌면서 심기일전하였다. 순방이 막바지에 다다를 무렵 그는 선배이며 동지인 박한영朴漢永이 머물던 전북 순창의 구암사로 갔다. 그는 구암사에서 참선을 하면서 또 다른 작업을 하였다. 그는 동양 고전 『채근담』을 읽고, 그를 대중들이 쉽게 접할 수 있게 한 해설이었다. 이것은 『정선강의 채근담』의 출간으로 이어졌다. 1915년 6월 20일 출판 허가를 신청하였고, 그 해 7월 2일 출판 허가가 나왔다.

만해와 인연이 많은 박한영
만해가 펴낸 『채근담』의 머리말을 썼다.

만해는 불교 현장의 중심인 서울을 완전 떠날 수는 없었다. 각처를 순방하면서 마음을 새롭게 다진 그는 1915년 8월경, 다시 서울로 올라왔다. 그는 1915년 10월부터 조선선종 중앙포교당의 포교사로 활동했다. 이 포교당은 그가 임제종운동을 추진하면서 남겨진 산물이었다. 그러나 일제의 외압으로 운영에 어려움이 많았다. 그 외압을 겪은 이후에는 범어사가 경영을 전담하다시피 하였다. 만해는 포교사로 재임하면서 불교청년, 신도들을 대상으로 하는 계몽활동에 나섰다. 그는 불교 근대화의 필요성과 민족의식을 고취시켰다. 만해가 머물던 그 포교당에는 불교청년들이 드나들며 미래를 준비했다. 특히 1915년에 개교한 중앙학림 학생들과 민족을 걱정하였던 불교청년들은 그 포교당에서 만해와 함께 나라사랑의 정신을 키워갔다. 이때부터 만해는 그를 따르던 사람들과 더욱 접촉하였다. 불교강구회에서도 강연하였으며, 선종 중앙포교당과 각황사에서도 강연을 하였다. 중앙학림의 행사에도 가서 학생들을 격려하였다.

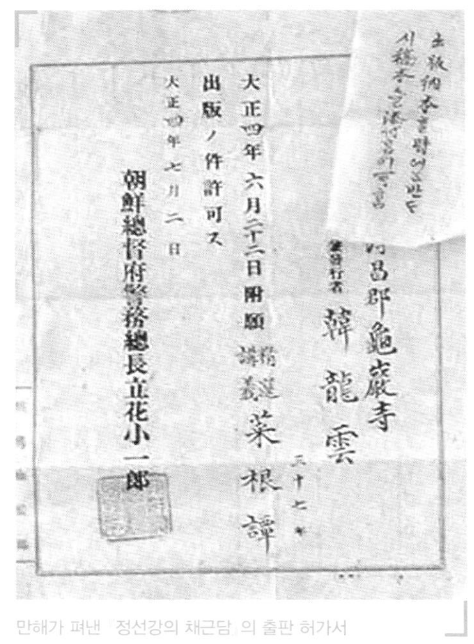
發行者 韓龍雲

大正四年六月二十三日附願 精選講義菜根譚

出版ノ件許可ス

大正四年七月二日

朝鮮總督府警務總長立花小一郎

만해가 펴낸 『정선강의 채근담』의 출판 허가서

1916년 11월, 만해는 오세창의 자택 여박암(旅泊庵)을 박한영의 안내로 3일간 방문하여 근역서화槿域書畵 1천여 점을 관람·감상하였다. 그 감격을 「고서화의 삼일」이라는 제목으로 『매일신보』(1916. 12. 7~15, 5회)에 기고했다. 이 행보는 만해가 민족문화의 전통을 자각케 한 결정적 계기로 작용했고, 박한영·최남선·오세창 등을 비롯한 사회 인사들과의 돈독한 대인관계의 폭을 넓혔다. 이렇듯 다양한 사람과 접촉하면서 대중의 상식 부족, 세상 견문의 희박성을 알게 되었다. 그래서 만해는 나라 잃은 국민으로서 갖추어야 할 기본 지식을 불어 넣어주기 위한 고민을 하였다. 이러한 고민의 산물로서 나온 것이 1917년 4월 4일, 신문관에서 간행한 만해의 『정선강의精選講義 채근담菜根譚』이었다.

『채근담』은 중국 명나라 홍응명洪應明이 펴낸 교양서로 동양의 정신 수양서로 널리 애용되었다. 만해는 한문으로 된 내용을 국한문으로 읽기 편하게 '독讀'을 하고, 해설인 '강講'을 하였다. 만해의 『정선강의 채근담』은 포켓판으로 나왔는데, 승려와 일반대중들의 교양서적 성격이었다. 만해의 『정선강의 채근담』이 발간되자 발행한 지 몇 개월 만에 절판될 정도로 큰 인기가 있었다.

이 책의 머리말은 박한영이 썼는데, 여기에서도 만해와 박한영과의 긴밀한 인연이 나온다. 만해는 『정선강의 채근담』의 원고를 들고 박한영이 칩거하고 있는 순창의 구암사로 가서, 원고를 한 번 읽어달라고 요청하였다는 것이다. 박한영은 그 원고를 읽고 추천한 머리말에서, 이 책은 '육미肉味를 잊고 허근虛根으로 돌아갈 수 있다'는 명언을 남겼다. 그 무렵 한용운의 호가 만해였기에, 박한영은 서언에서 '만해상인萬海上人'이 찾아왔다고 썼다. 이로써 만해라는 자호, 필명이 본격화 되었다.

만해는 『정선강의 채근담』을 발간한 이후 밀려드는 피곤을 감내하기 힘들었다. 출가이래 모험, 도전, 개혁, 유신, 불교대중화 등을 추진하면서 제기된 답답함이었다. 그 답답함은 만해의 근원이고, 불교의 본질이며, 나아갈 방향에 대한 의문이었다. 이 모두를 아우른다면 그는 강열한 의심, 물음, 존재에 대한 자기 확인이었다. 때문에 만해는 그를 찾으러 떠났다.

깨달음에 이르고,
민족을 생각하다

서울에서 불교의 개혁 및 대중화로 나아갈 방책을 불교계에 제시한 만해는 이제는 자신의 근원 혹은 모순을 만났다. 『조선불교유신론』, 『불교대전』, 『정선강의 채근담』을 발간하고 조선불교강구회, 조선불교회, 불교동맹회를 이끌던 자기 자신은 누구인가? 스스로 물었다. '나는 무엇을 위해 이러한 일을 하고 있는가. 나는 과연 나라와 중생을 위한 일을 바르게 하고 있는가.' 만해는 끊임없이 떠오르는 상념을 지울 수 없었다. 이제는 무엇보다도 자기 자신의 근원성, 영원성, 절대성을 풀지 않으면 안 될 때가 왔다. 지난 몇 년간 치열하게 온몸을 던지며, 심신을 불태우며 그가 한 일은 평범치 않았다. 그의 몸도 수척해지고, 불교계에서 쳐다보는 눈초리도 감당키 어려웠을 것이다.

이에 그는 1917년 가을, 그의 본거지인 설악산 백담사로 들어갔다. 자신의 시봉이었던 상좌 이춘성을 데리고 갔다. 그들은 동해안의 속초를 거쳐, 푸른 바닷물을 뒤로 하고 내설악의 깊은 계곡 백담사로 향하였다. 그러나 그곳은 예전의 백담사가 아니었다. 백담사는 1915년의 화재로 인하여 160여 간이나 되는 건물이 거의 전소되었다. 절의 사무도 오세암에서 볼 수밖에 없었다. 때문에 그곳에 머물 수도 없는 형편이었다.

만해는 즉시 오세암으로 올라갔다. 오세암은 그가 이전에 불교 경전을 공부하였을 때에 부지런히 드나들던 곳이기에 전혀 거리낌이 없었다. 그가 보던 수많은 책들이 여전했다. 오세암의 나무, 풀, 바위에 이르기까지 친근하기 그지없었다. 그는 오세암에서 지친 심신을 추슬렀다. 오세암에서 겨울을 나기 시작하면서 자신의 근원을 탐구하였다. 겨울의 오세암은 눈과 바람이 드세기로 유명하다. 한번 눈이 내리면 무릎까지 빠지는 것은 예사였다. 그래서 눈이 내리면 오세암은 외부 세계와 단절되었다. 만해는 오세암 선방에서 좌정하고 근원을, 자신을, 앞으로 해야 할 일들을 점검했다. 그가 추진한 다양한 일들에 대한 아쉬움과 미련도 떠올랐으리라.

만해의 상념은 점점 깊어 갔다. 문풍지에 매서운 바람소리와 눈보라가 다가왔지만 만해의 깊은 화두話頭는 영글어 갔다. 그 경지는 자연과 만해와의 일체이며, 우주속의 만해의 실체이며, 자신의 정체성을 타파하는 깨뜨림이었다. 마침내 만해가 품었던 그 의문은 껍질을 박차고 뛰쳐나왔다. 1917년 12월 3일 밤 10시, 만해는 침잠을 거듭한 좌선 중에 돌연 바람이 불어 무엇인가를 떨구는 소리를 들었다. 바로 그때 만해는 알 수 없었던 의문 덩어리를 풀었다. 깨달음이었다. 이에 만해는 마음에서 우러나는 그 용솟음을 다음과 같은 게송偈頌으로 읊었다.

사나이 가는 곳마다 바로 고향인 것을　　男兒到處是故鄕
몇 사람이나 나그네 시름속에 오래 젖어 있었나　　幾人長在客愁中
한 소리 크게 질러 삼천세계 깨뜨리니　　一聲喝破三千界
눈속에도 복사꽃이 펄펄 날린다　　雪裡桃花片片飛

—『한용운전집』 1권, 신구문화사, 1973.

이 가슴속에서 나온 한소식은 단순히 게송이라고만 말할 수는 없는 것이다. 그는 깨달음의 소리이었기에 오도송悟道頌인 것이다. 이제 그는 거칠 것이 없었다. 우주, 자연, 자신, 중생, 민족, 겨레, 불교 대중화가 이제 하나가 되었다. 불교 대중화가 곧 민족을 위한 것이요, 인류를 위한 것이 되었다. 이제 그의 시야는 더욱 확대되었다. 불교도만을 위함에서 벗어나 불교도 살리고, 민족을 살리는 방향에서 그는 그의 할 일을 찾아야만 되었다.

그는 오세암에만 머물 수는 없었다. 오세암을 박차고 나왔다. 1918년 여름, 백담사를 떠난 그는 또 다시 서울로 향하였다. 민족 전체를 위하고, 민족을 살리는 그런 일을 만들려는 그의 포부는 든든하였다. 서울에 올라온 그의 거처는 서울 종로구 계동 43번지 북촌 지역 구석에 있는 조그마한 한옥이었다. 만해는 서울에 올라와서 오세암에서 깨달은 경지를 말해주는 게송을 만공에게 보냈다. 만공은 "나는 조각은 어느 곳에 떨어졌는고?飛者 落材什麽處"하는 요지의 답장을 보내자, 만해는 "거북 털과 토끼 뿔이로다龜毛兎角"고 응대하는 편지를 보냈다. 탁마의 아름다움이고, 수행자의 자신감이었다.

서울에 정착한 만해 그는 자기 집에다 그가 나아가야 할 방향을 암시하는 간판을 내걸었으니 그는 유심사唯心社였다. 이제 그의 할 일은 민족전체, 청년 전체를 염두에 둔 종합 교양지인 『유심』을 발간하는 것이었다. 『유심』은 1918년 9월 1일에 창간되어 2호(1918. 10. 29.), 3호(1918. 12. 1.)까지 발간되었다. 필진은 백용성, 박한영, 권상로, 김남천, 최린, 최남선, 이능화, 현상윤 등 기라성 같은 지성인이 참여하였다. 그러나 대부분의 글은 만해의 기고문(시, 논설, 수상 등)으로 채워졌다. 『유심』의 특이성은 보통문, 단편소설, 신체시가, 한시로 나누어 모집한 현상문예이다. 3회에 걸쳐 공고를 하였으며, 선정 결과를 지상에 발표했다. 그 중 방정환, 김법린, 이영재는 유명 청년들이었다. 『유심』 1, 2호에는 타고르의 저작인 『생의 실현』이 번역되어 게재되었다.

『유심』 창간호(1918. 9.) 만해가 청년들의 계몽을 위해 발간한 잡지이다.

그 시절, 만해는 『신청년』 창간호(1919. 1. 20.)의 창간사를 무기명으로 기고하였다. 만해는 자신을 지음知音의 고수鼓手라고 비유하고, 조선 청년들의 역할을 한강 깊은 물의 발원, 눈 속의 매화라고 비유하면서 높이 평가했다. 『신청년』 발간을 주도한 인물은 지하 비밀결사체인 경성청년구락부의 방정환, 유광열, 이중각 등이다.

만해의 『유심』 발간은 청년·대중들의 교양과 민족의식을 고취하는 것이 주안점이었다. 다양한 교양은 성찰의 자양분이다. 자양분 제공을 만해가 기꺼이 담당했다. 이는 그의 깨달음에 대한 증거요, 사회의 중심부로 들어가려는 강렬함이었다. 이능화의 『조선불교통사』(1918)에서는 만해를, "한용운의 주된 뜻은 은일隱逸하여 머무는 듯하면서 변화를 꾀하는 데에 있다"고 평하였다. 이는 1910년대 만해의 행적을 극명하게 대변해 준다.

3·1운동의 중심에서 독립운동을 주도하다

만해가 『유심』을 3호만에 중단한 것의 본질은 재원 부족이 아니었다. 거기에는 그가 민족, 중생, 대중이 갖고 있는 문제의 본질을 해결하려는 보다 큰 원력이 숨어 있었다. 만해는 입산 직후부터 불타오르는 도전정신을 펴는데 분투하였다. 그는 불교의 분야에서, 불교의 정체성으로 민족과 국가의 진로를 풀고자 하였다. 그것은 불교개혁, 불교대중화였다.

만해는 불교의 울타리에 위치하고 있었지만 그의 뜻과 지향은 그 울타리를 뛰어 넘었다. 그 시작이 『유심』의 발간이었다. 만해는 『유심』의 발간을 통하여 불교계의 중심인물로 자리 잡았다. 불교청년, 학인, 대중들이 존경하는 불교계 상징 인물로 변모하였다. 제도권 불교의 밖에 있었지만, 제도권 불교와 대등하였다. 그리고 『유심』을 통하여 사회 저명인사, 지성인들과의 교류도 확대되었다. 이제 그는 40세의 중년이었다. 만해는 자신의 목소리를 낼 수 있었고, 사회의 중추인물로서 겨레의 미래를 선도할 수 있는 위치에 올라섰다.

이러한 배경에서 만해는 거족적인 민족의 함성, 1919년 3월 만세의 봉화를 올릴 수 있었다. 만해는 임제종운동 좌절, 조선불교회 탄압을 통하여 일제에 대한 저항의식을 키웠고, 『조선불교유신론』과 『유심』을 발간하면서 문명과 세계정세의 변동에 대한 나름대로의 식견을 갖게 되었다. 이럴 즈음, 제1차 세계대전의 종결, 파리 강화회의 개최, 민족자결주의 등장이 이어졌다. 만해는 이런 변화가 일제의 식민통치와 한국에 미칠 영향을 생각하였다. 이런 문제를 고민하던 만해는 1918년 11월 천도교의 최린을 찾아가 국제변동을 한국독립의 기회로 활용할 것을 제안했다. 만해는 일본유학 시절 최린을 만난 인연이 있었고, 귀국 후에도 교류하였기 때문이다.

그런데 당시 천도교는 민족 자결주의라는 변수를 활용하여 독립운동에 나설 것을 독자적으로 준비하고 있었다. 그 준비는 재일 유학생을 통한 국내 학생층과의 연계, 중국 상해 지역의 망명 독립운동가와 기독교계와의 연계 등 다양한 방향을 통해 진행되었다. 바로 그때 만해는 천도교의 최린을 통하여 3·1운동의 중심부에 진입했다. 이에 대한 정황은 만해와 최린의 회고에서 함께 찾을 수 있다.

> 나는 항상 최린과 왕래하다가 1월 27, 28일경 최린을 그 자택으로 찾아가서 잡담을 하던 중 세계정세, 즉 전쟁과 평화회의를 말하고 민족자결이 제창되어 세계 각국이 독립이 된다는 말을 하면서 조선도 이 기회에 독립이 되는 것이 좋다고 하였다. 그러나 이 일은 다수한 사람이 계획하지 않

으면 안 되는 것이므로 조선서는 천도교가 제일 큰 단체이니 천도교의 의사는 어떠하냐고 물으니, 최린은 천도교서도 그런 생각이 있다 하므로 나는 같이 힘을 다하겠다고 약속한 후 여러 차례 왕복하면서 이 운동을 협의하였다.

– 한용운, 『재판기록』

종교단체 중심으로 독립운동의 주도체를 구성하자면 불교단과 유교 측의 참가 없이는 완전한 민족적 통일체라고 볼 수 없었던 것도 사실이었다. 그러므로 나는 먼저 불교 측에 대해서 평소 잘 알던 강원도 양양군 통천명 신흥사 승려 한용운씨를 계동 43번지 그의 자택으로 왕방하였다.
한용운씨는 원래 충청남도 홍성군 출생으로서 세도인심이 날로 황락함을 비관하고 30세때 입산위승入山爲僧한 사람이었다. 그의 의향을 알아보기 위하여 당시 변전무상한 국제 정세와 조선 내외의 인심 동향에 대하여 여러 가지로 이야기 하던 중 그는 비분강개한 어조로 천재일우의 이 때를 당하여 우리 조선 사람으로서 앉아서 볼 수 없다는 말이었다. 나는 의사가 있는 바를 알고 그간 경과된 사실을 말하였더니 그는 즉석에서 불교측 동지들과 협의하여 공동으로 참가할 것을 승낙하였다.

– 최린, 「자서전」, 『如菴文集』 상, 1971.

이렇게 만해는 천도교측 최린에게 불교측 동지들과 협의 후에 공동 참가하겠다는 의사를 표시하였다. 이로써 1919년 1월 말 경, 만해를 통해 민족의 거사에 불교도 참여할 수 있는 발판이 마련되었다. 만세운동의 준비가 가속화되면서 천도교, 기독교, 불교의 3대 종교가 중심이 된

운동의 지휘부도 결성되었다. 민족대표 33인도 정해졌다. 이런 속에서 만해는 거족적인 만세운동을 위해서는 유교도 동참시켜야 한다는 뜻을 갖고 유림의 거두인 곽종석을 만나려고 경남 거창까지 내려갔다. 만해의 뜻을 들은 곽종석은 유림 대표인 자신도 동참하겠다는 의지를 밝히고, 다만 자신의 큰아들과 상의 후에 민족대표 가담의사를 전달하겠다고 하였다. 그러나 공교롭게도 만해는 2월 24일 상경하고, 아들을 통해 전달하려는 곽종석의 인장은 폭풍전야와 같은 비상시기에서 전달되지 못하였다. 승낙이 늦어져, 독립선언서 인쇄가 완료되는 급박성으로 유교 측 대표인 곽종석은 누락되었다. 민족대표에 유교 측의 가담이 성사되었다면 만해가 의도한 3·1운동의 역사성은 더욱 고양되었을 것이다. 그러나 만해가 곽종석을 직접 만나지는 못하였다는 설도 있다.

만해가 3월 1일 이전에 더욱 유의한 것은 민족 대표에 불교 측 승려를 3~4명이라도 포함시키는 것이었다. 만해는 이를 위해 서울 종로의 봉익동 대각교당에서 독자적인 포교활동을 하던 백용성을 찾아가 승낙을 얻었다. 그리고 진진응, 송만공, 백초월, 오성월, 도진호 등을 민족대표에 포함시키려고 하였다. 그러나 이들이 산간에 거주하여 교통 관계, 시간의 촉박성으로 인해 추가시키지 못하였다. 백용성은 만해에게 자신도 민족대표로 활동하겠다는 뜻을 밝히면서 민족대표 명단에 찍을 자신의 도장을 맡기고, 어느 때든지 통지만 하면 어느 곳이든 가기로 약정하였다.

역사적인 3·1운동에서 만해의 기개는 독립선언서 작성에서도 나타났다. 그는 자신이 직접 독립선언서를 쓰겠다는 의사를 개진하였다. 그

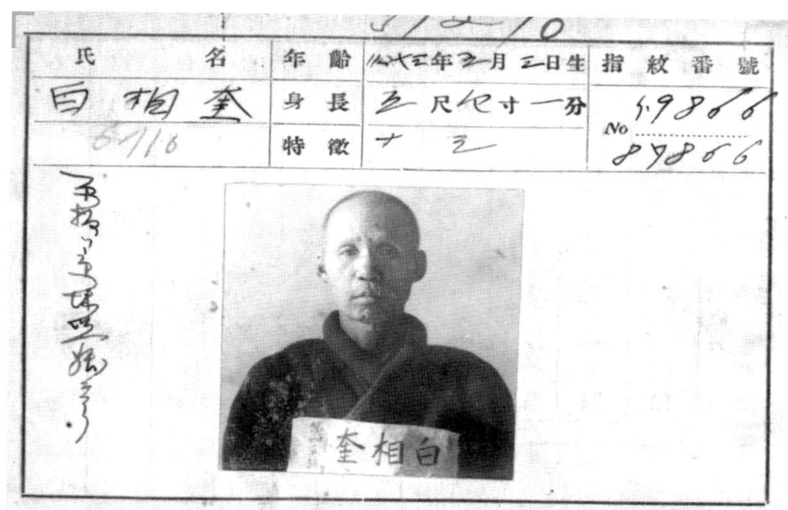

불교 측 대표로 33인에 포함된 백용성(대각사)의 옥중 수형카드

러나 운동을 주도한 천도교 측에서는 육당 최남선에게 선언서 작성을 이미 의뢰해 놓았다. 때문에 만해는 그 선언서를 수정하고, 2월 24일 최린의 집에서 추가로 공약삼장을 포함시키는 것에 만족하였다. 당초 만해는 독립운동에는 가담치 않고 선언서만 쓰겠다는 최남선의 행동을 동의할 수 없었기에 자신이 작성하겠다는 의지를 밝혔다. 만해가 추가하였다는 공약삼장은 다음과 같다.

> 하나, 금일 오인의 차거는 정의·인도·생존존영을 위하는 민족적 요구니, 오직 자유적 정신을 발휘할 것이요 결코 배타적 감정으로 일주하지 말라.

하나, 최후의 일인까지 최후의 일각까지 정당한 의사를 쾌히 발표하라.

하나, 일체의 행동은 가장 질서를 존중하야 오인의 주장과 태도로 하여금 어데까지든지 광명정대하게 하라

이 공약삼장은 선언서의 눈동자고 만해사상의 축약판이다. 지금까지 만해의 수행, 깨달음, 사상이 여기에 함축되었다. 민족자존을 위한 자유정신의 발휘, 최후까지 정당한 의사를 발표, 민족의 주장을 광명정대하게 발표하라는 메시지는 만해정신을 그대로 요약한 것이다. 만해는 불교의 해탈, 불살생, 박애, 보편적인 도덕주의 정신을 유지하였기에 공약삼장에 담긴 자유, 비폭력, 세계주의를 자연스럽게 피력하였다. 그리고 만해는 이 공약삼장은 자신이 직접 쓴 것이고, 거기에는 불법승佛法僧 삼보의 정신이 깃들어 있다고 그를 따르는 불교청년에게 말하였다.

그런데 만해의 공약삼장의 추서에 대해서는 이견이 있다. 그는 만해가 공약삼장을 추가했다는 것은 전언에 기초한 것이기에 신뢰할 수 없고, 육당 최남선이 공약삼장까지 작성하였다는 것이다. 이 주장은 독립선언서 작성의 책임을 맡았던 최린의 자서전에 만해가 선언서를 짓겠다고는 하였으나 최린이 완곡하게 거절하였다는 내용, 그리고 만해도 독립선언서를 보관하지 않았다는 법정 증언, 공약삼장의 내용은 2·8독립선언에서 나온 것이라는 것과 연결되어 있다.

하여간 만해는 최후의 결전의 날을 맞기 직전, 평소 그를 따르던 불교청년인 중앙학림의 학생들을 자택으로 불렀다. 만해는 1916년부터 중앙학림의 졸업식 행사에 참여하면서 학인들과 끈끈한 관계를 가져왔다.

그리고 학인들도 선종포교당에서 만해를 만나 배움을 청했고, 만해 자택에도 왕래를 하였다. 이런 배경에서 만해와 중앙학림 학인들은 사제지간 이상의 동지와 같은 친연성이 있었다. 그래서 만해는 자신이 민족적 거사에 참여하는 사정을 밝히고, 불교계가 담당한 선언서 배포 문제를 논의하려고 했다. 1919년 2월 28일 오후 3시 만해는 선언서 3,000매를 인수하여 귀가하였다. 그날 밤, 중앙학림 학생 10여 명은 유심사 사무실이자 만해의 거주지인 계동의 집으로 모였다. 이 자리에서 만해는 자신의 운명을 가름할 3월 1일의 거사에 임하는 자신의 소신을 알리고 학생들이 담당할 과업도 지시하였다.

> 여러 달을 두고 궁금히 여기던 제군들에게 쾌 소식을 전하겠다. 유구한 역사 찬란한 문화를 가진 우리 민족이 자주 독립을 중외에 선언함은 당연한 일이다. 조국의 광복을 위하여 결연히 나선 우리는 아무 장애도 없고 포외怖畏(두려움)도 없다. 군 등은 우리 뜻을 동포 제위에게 널리 알려 독립 완성에 매진하라. 특히 군 등은 서산, 사명의 법손임을 굳게 기억하여 불교청년의 역량을 잘 발휘하라.

이러한 만해의 발언을 감격스럽게 경청한 중앙학림의 학생 김법린, 신상완, 백성욱, 김규현, 정병헌, 김상헌, 오택언, 전세봉 등은 늦은 밤인데 불구하고 즉시 인사동 선종포교당으로 갔다. 그들은 선언서 배포, 거사 이후의 할 일, 불교계 독립운동 본부 추진 등을 논의하였다. 만해의 결단, 지시로 불교의 독립운동도 구체적으로 전개되었던 것이다.

드디어 1919년 3월 1일, 그날이 밝았다. 만해는 오후 1시경, 서울 종로의 태화관으로 갔다. 당초에는 파고다공원에서 독립선언서를 발표하기로 되어 있었으나 만일의 경우 대중 폭동이 날 것을 우려한 민족대표들이 2월 28일 밤의 회합에서 태화관으로 장소를 변경하였다. 독립선언식이 개최된 태화관의 동쪽 처마에는 태극기가 나부끼고 있었다. 오후 2시, 민족대표 33인 중 29명이 모였다. 민족대표들은 태극기가 있는 동쪽을 향해 국기에 대한 경례를 하고, 이종일이 독립선언문을 낭독하였다. 이때 민족대표 최고 지도자인 손병희는 최린에게 일제 당국(경무 총감부)에 전화를 해서 독립선언 사실을 알리도록 하고, 이갑성에게는 선언서를 총독부에 제출케 하였다. 그리고 인근 경찰에도 인편으로 기별하였다. 이렇듯이 긴장과 초조의 시간인 20분 정도가 흐르자 일제 경찰 10여 명이 와서 태화관을 포위하였다. 바로 이때, 만해는 일어나서 간단한 기념사를 하였다. 그 요지는 다음과 같이 전한다.

> 오늘의 우리 모임은 곧 독립만세를 고창하여 독립을 쟁취하자는 것입니다. 이것은 우리가 앞장 서고 민중이 뒤따라야 하는 것입니다. 우리는 신명을 바쳐 자주 독립국이 될 것을 기약하고자 여기 모인 것이니 정정당당히 최후의 1인까지 독립쟁취를 위해 싸웁시다. – 이종일, 『묵암비망록』

만해의 의미심장한 발언을 들은 민족대표는 만해의 선창으로 '대한독립만세'를 삼창하였다. 여기에서 만해의 위상이 극명하게 나왔다. 후일 만해는 『별건곤』 기자가 만해 자신이 겪은 인생에서 가장 통쾌한 일을 질문하자, 거침없이 3·1운동시 명월관(태화관)에서 연설하든 때라고 힘주어 회고했다.

기념식을 마친 민족대표 전원은 일제의 경찰에 끌려갔다. 당시 거리에는 수많은 인파가 만세를 소리 높여 불렀다. 그것은 누가 시킨 것이 아니었다. 대중들은 자발적으로 만세를 불렀다. 만해는 연행되어 가는 일본 경찰차 안에서 그 광경을 지켜보았다. 그 광경은 만해에게는 평생 잊을 수 없는 기억으로 살아 있었다.

韓龍雲氏

車窓에서본少年 平生못니즐傷處

묵기어가는자동차속에서내다본 그때소년들의그림자와목소리!

半生의最大感激

만해가 3·1운동 때 일제에 끌려가면서 목격한 소년의 만세소리를 회고한 글, 「평생 못 잊을 상처」(『조선일보』 1932. 1. 8.)

> 지금은 벌써 옛날 이야기로 돌아갔습니다마는 기미운동이 폭발할 때에 온 장안은 대한독립만세 소리로 요란하고 인심은 물끓듯 할 때에 우리는 지금의 태화관 당시 명월관 지점에서 독립선언 연설을 하다가 경찰부에 포위되어 한쪽에서는 연설을 계속하고 한쪽에서는 체포되어 자동차로 호송되어 가게 되었습니다. 나도 신체의 자유를 잃어버리고 마포 경찰부로 가게 되었습니다.
>
> 그때입니다. 열두서넛 되어 보이는 소학생 두 명이 내가 찬 차를 향하여 만세를 부르고 또 손을 들어 또 부르다가 일경의 제지로 개천에 떨어지

면서도 부르다가 마침내는 잡히게 되는데, 한 학생이 잡히는 것을 보고는 옆의 학생은 그래도 또 부르는 것을 차창으로 보았습니다. 그때 그 학생들이 누구이며, 왜 그 같이 지극히 불렀는지는 알 수 없으나, 그것을 보고 그 소리를 듣던 나의 눈에서는 알지 못하는 사이에 눈물이 비오듯 하였습니다. 나는 그때 소년들의 그림자와 소리로 맺힌 나의 눈물이 일생에 잊지 못하는 상처입니다. –「평생 못 잊을 상처」, 『조선일보』 1935. 1. 8.

만해는 위의 회고의 글에서 만세운동의 그 현장을, 그 기억을 평생 간직하였음을 고백했다. 만해는 자신이 추구한 방향을 향해 거리낌 없이 달려갔다. 이는 그가 입산 이래 키워 갔던 민족에 대한 사랑이요, 자신에게 약속한 노선이었다. 그가 오세암에서 깨달았다는 것은 아낌없는 보살행이었다. 부처와 중생이 하나이고, 세간과 출세간이 하나이며, 산간과 도회지가 동일하고, 승려와 신도가 같은 문제로 고민하고, 나라의 독립이 겨레의 독립임을 만해는 체득하고 그를 실행에 옮겼다.

때문에 만해는 두려움과 부끄러움 없이 일제의 형무소로 들어갔다. 마땅히 가야할 곳이었다. 3·1운동 민족대표로서의 자부심을 갖고, 그는 형무소의 중심에 앉았다. 이제 그곳이 만해의 또 다른 수행의 자리였다.

철창철학,
독립의 기개는 지속되고

만해는 서대문 형무소의 철창에 구속되었다. 그러나 그 철창은 단순한 감옥은 아니었다. 만해는 그 감옥을 수행 도량으로 승화시키고, 자신의 독립정신 실천의 무대로 여기었다. 그가 그곳에서 지킨 자신과의 싸움은 민족대표들에게 함께 지키자고 자신이 제안하고, 민족대표들도 약속한 옥중 투쟁 3대 원칙의 이행이었다.

1. 변호사를 대지 말 것
2. 사식私食을 취하지 말 것
3. 보석保釋을 요구하지 말 것

그런데 시간이 지나고, 고독을 이기지 못한 일부 민족대표들은 잘 이행하지 못했다. 심지어는 일제의 회유에 넘어가고, 감옥에서 남은 인생을 마칠 것을 염려하는 인사들도 있었다. 간혹 일제가 민족대표들을 극형에 처한다는 소문이 돌자, 일부 인사들은 대성통곡을 하였다. 이를 본 만해는 그들의 민족대표라는 명망에 실망하였다. 그래서 만해는 그들을 향하여 똥통을 집어 던지며 호통을 쳤다.

"이 비겁한 인간들아, 울기는 왜 우느냐. 나라 잃고 죽는 것이 무엇이 슬프냐? 이것이 소위 독립선언서에 서명했다는 민족대표의 모습이냐"

당시 서대문 감옥에 있었던 이종일은 그를 다음과 같이 회고했다.

> 한용운이 공포에 떨고 있는 몇몇 사람에게 인분 세례를 퍼부은게 아닐까. 통곡하는 자 머리에 인분을 쏟아 부었던 사실은 너무나 유명한 일이다. 그것은 아무리 생각해 보아도 통쾌무비한 일이다. 우리 민족대표가 공포에 떨거나 비열한 행동을 자행한다면 그를 따르는 우리의 민중은 장차 어디로 간다는 말인가. 내가 그 같은 어리석은 자의 행동을 목격했다 해도 인분 세례를 퍼붓지 않고는 못 견딜 것 같다. 역시 한용운은 과격하고 선사다운 풍모가 잘 나타나는 젊은이다. – 이종일, 『묵암비망록』

그러나 서대문형무소의 독방에 수감된 만해는 일제의 재판을 가혹하게 받아야만 되었다. 그렇지만 만해는 그런 외압에 굴하지 않고, 의연하게 자신의 입장을 펼쳤다. 1919년 3월 11일, 일제의 경찰서에서는 다음과 같이 답변했다.

"피고는 금후에도 조선의 독립운동을 계속할 것인가"

"그렇다. 계속하여 어디까지든지 할 것이다. 반드시 독립은 성취될 것이며, 일본에는 승에 월조가 있고 조선에는 중에 한용운이 있을 것이다."

그는 독립의 당위성을 분명히 하였다. 1919년 5월 8일, 경성지방법원의 예심에서는 다음과 같이 독립운동의 지속성을 명쾌히 밝혔다.

"이 선언에는 '최후의 일인까지 최후의 일각까지'라는 것이 있는데 그것은 폭동을 선동한 것이 아닌가?"

"그런 것이 아니다. 그것은 조선 사람은 한 사람이 남더라도 독립운동을 하라는 것이다."

"피고는 금번 계획으로 처벌될 줄 알았는가?"

"나는 내나라를 세우는데 힘을 다한 것이니 벌을 받을리 없을 준 안다."

"피고는 금후로도 조선 독립운동을 할 것인가?"

"그렇다. 언제든지 그 마음을 고치지 않을 것이다. 만일 몸이 없어지면 정신만이라도 영세토록 가지고 있을 것이다."

만해는 독립의 명분을 분명히 하면서, 몸이 없어지면 정신만이라도 영원히 독립정신을 가질 것이라고 뚜렷하게 말했다. 그런데 만해의 독립정신은 단순히 일본을 배척하는 것이 아니다. 한국의 독립은 정당한 것이고, 한국인은 자존심이 강하여 결코 이민족의 억압에서 살 수 없기에 단연코 독립할 수 있다는 자신감을 피력하였다. 그를 단적으로 말해주는 것이 공소 공판기에 나온 만해의 어록이다.

> 고금동서를 막론하고 국가의 흥망은 일조일석에 되는 것이 아니다. 어떠한 나라든지 제가 스스로 망하는 것이지 남의 나라가 남의 나라를 망하게 할 수는 없는 것이다. 우리나라가 수백 년 동안 부패한 정치와 조선 민중이 현대 문명에 뒤떨어진 것이 합하여 망국의 원인이 된 것이다. 원래 이 세상의 개인과 국가를 막론하고 개인은 개인의 자존심이 있고 국가는 국

가로서의 자존심이 있으니 자존심이 있는 민족은 남의 나라의 간섭을 절대로 받지 아니하니, 금번의 독립운동이 총독정치의 압박으로 생긴 것인 줄 알지 말라.

자존심이 있는 민족은 남의 압박만 받지 아니 할뿐 아니라 행복의 증진도 받지 않고자 하느니 이는 역사가 증명하는 바이라. 4,000년이나 장구한 역사를 가진 민족이 언제까지든지 남의 노예가 될 것은 아니다. 그 말을 다하자면 심히 장황하므로 이 곳에서 다 말할 수 없으나 그것을 자세히 알려면 내가 지방법원 검사장의 부탁으로 「조선독립에 대한 감상」이라는 글을 감옥에서 지은 것이 있으니 그것을 갖다가 보면 다 알 듯하오.

-『동아일보』 1920. 9. 25.

이처럼 만해는 독립은 민족의 자존심이기에 한국의 독립은 당연하며, 한국의 역사에 비추어 보아서도 한국의 독립은 증명되고도 남는다는 소신을 거침없이 재판정에서 개진하였다. 그의 위 발언은 조선 민족 자신의 의지에 의해서 독립이 되는 것이지, 일제의 탄압 여부에 의해서 결정되지 않음을 강조한 것이다.

그러면 위의 어록에 나오는 「조선독립에 대한 감상」(조선독립의 서)은 어떤 내용인가? 이 논설은 만해가 1919년 7월 10일, 경성지방법원의 검사장 요구로 작성된 글로서, 만해의 독립정신과 한국이 독립되어야 하는 타당성을 논리적으로 밝힌 명문장이다. 이 글의 제목은 그간 조선독립의 서, 조선독립 이유서, 조선독립에 대한 감상의 개요, 조선독립에 대한 감상의 대요 등 다양하게 불렸다. 만해는 재판정에서 독립의 타당

大韓民國元年十一月四日 獨立新聞

朝鮮獨立에對한感想의大要 (附錄)

七月十日

一、槪論

二、朝鮮獨立宣言의動機

一、朝鮮民族의實力

三、世界大勢의變遷

만해가 서대문형무소에 수감되어 작성한 「조선독립에 대한 감상」 만해의 독립정신을 집약하여 보여주는 이 글은 상해 임시정부의 기관지인 『독립신문』 25호(1919. 11. 4.)에 게재되었다.

성을 장황하게 이야기 할 여유도 없었고, 조선인이 조선민족을 위하여 독립운동을 하는 것은 백 번 말해 마땅한 것임을 개진하려고 이 논설을 작성하였다. 일본 간수에게 종이와 지필묵을 얻은 만해는 그 옥중에서, 어떤 서적도 참고할 수 없는 여건에서 독립의 당위성을 며칠 만에 써 내려갔다.

이 논설은 한국 근대사에 길이 남을 명문이다. "자유는 만유의 생명이요, 평화는 인생의 행복이니"라는 서두로 시작된 그 논설에는 만해의 사상인 자유, 평등, 평화의 정신이 극명하게 나타난다. 때문에 이 글은 3·1독립선언서에 버금가는 기념비적인 글이요, 만해의 사상과 독립정신을 전하는 고귀한 내용이다.

만해는 이 논설을 일본인 검사에게 제출하였을 뿐만 아니라, 또 한 부를 옮겨 적어 그를 비밀리에 외부로 전달하였다. 만해는 일본 간수의 눈을 피하기 위해, 그 글을 쓴 종이를 여러 겹으로 접어서 종이 노끈으로 위장하여 형무소 밖으로 나가는 옷 갈피에 끼워 내보냈다. 그 옷갈피의 노끈은 만해의 제자인 이춘성이 전달받았다. 이춘성은 노끈으로 위장된 그 문건을 만해를 따르던 항일승려 김상호(범어사)에게 전달하였다. 김상호는 그 문건을 등사하여 비밀 연락의 루트를 이용하여 상해의 대한민국 임시정부에 전달하였다. 그리하여 임시정부 기관지인 『독립신문』 25호(1919. 11. 4.)에 그 전문이 게재되었다. 『독립신문』에서는 그 사정을 다음과 같이 소개하였다.

차서此書는 옥중에 계신 아대표자我代表者가 일인日人 검사총장檢事總長의 요

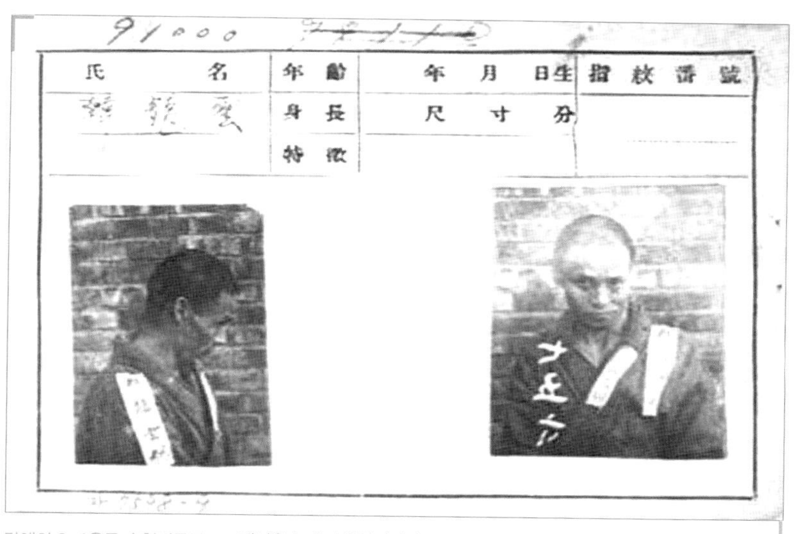

만해의 3·1운동 수형기록부 매서운 눈매가 인상적이다.

구에 응應하여 저술한 자者 중의 일一인데 비밀리에 옥외獄外로 송출한 단편을 집합한 자者라.

이로써 만해의 『조선독립에 대한 감상』은 독립운동가들이 돌려가며 읽고 외웠다. 만리 이역 땅에서 조국의 독립을 위해 투쟁하던 사람들의 가슴을 뛰게 하였다. 그러나 국내에서는 이 논설을 배포시킬 수 없었기에, 아는 사람만 아는 지하의 비밀 문건이 되었다. 만해는 이 문건을 그가 입적하는 그날까지 자신의 방 문갑 안의 찢어진 봉투 속에 소중히 간직하였다. 그 후 이 논설의 원본은 만해의 제자인 최범술이 배접을 하여 소장하였으나, 현재는 그 행방이 묘연하다.

자유, 평등, 평화 사상에서 나온 그 논설은 한국 근대의 명문장으로 만해의 독립정신을 극명하게 나타내고 있다.

> 자유는 만물의 생명이요, 평화는 인생의 행복이니. 고故로 자유가 무無한 인人은 사해死骸와 같고 평화가 무無한 자者는 최고통最苦痛의 자者라. 압박을 피被하는 자의 주위의 공기는 분묘墳墓로 화化하고 쟁탈을 사事하는 자의 경애境涯는 지옥이 되나니. 우주 만유萬有의 이상적인 최最 행복의 실재는 곧 자유와 평화라. …… 고로 위압적 평화는 굴욕이 될 뿐이니 진眞 평화는 반드시 자유를 보保하고, 진眞 평화는 반드시 자유를 반伴할지라 자유여 평화여 전인류의 요구要求일지로다.

만해는 서문에서 자유가 인간과 만물의 생명임을 갈파하고, 자유가 유지되는 것이 평화임을 지적하였다. 여기에서 만해의 독립사상, 한민족의 독립운동이 존립될 수 있는 사상적인 명분이 구축되었다. 자유, 평등을 유지하기 위해서는 생명을 버리면서까지 싸우는 것이 인간의 권리이며, 의무라고 갈파하였다. 여기에서 독립의 필연성이 저절로 뚜렷해진다. 만해는 가슴에 있었던 자신의 논리를 확고부동하게 피력하였다. 그는 조선 민족이 독립이 될 수밖에 없음과 그 누구도 조선의 독립을 막지 못할 것임을 개진하였다.

> 조선인은 당당堂堂한 독립 국민의 역사의 전통이 유有할 뿐 아니라 현 세계 문명에 병치幷馳할만한 실력이 유有하니라.

이러한 자유, 자존, 독립의 사상을 갖고 있었던 만해는 재판을 받으면서도 시종일관 자신에 찬 어조로 자신의 독립정신을 피력하였다. 그러나 그의 그 발언은 결코 일본을 배척하는 차원에서 나온 것이 아니었다. 만해는 결심 공판의 최후 발언에서 자신의 입장을 더욱 힘주어 개진하였다.

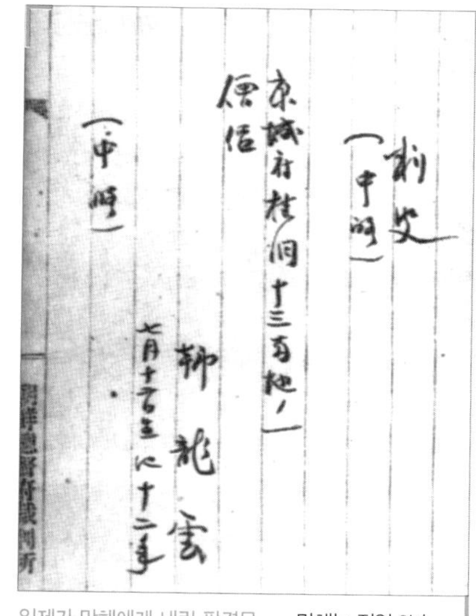

일제가 만해에게 내린 판결문 만해는 징역 3년형을 받았다.

> 우리들의 행동은 너희들의 치안유지법에 비추어 보면 하나의 죄가 성립될지 모른다. 그러나 우리들은 우리의 조국과 민족을 위하여 마땅히 할 일을 한 것일 뿐이다. …… 너희들도 강병强兵만 자랑하고 수덕修德을 정치의 요체로 하지 않으면 국제사회에서 고립하여 마침내 패망할 것을 알려두노라.

이러한 만해의 최후 발언은 그의 독립정신이 보편적인 인류애에서 출발한 것임을 웅변하는 것이다. 그리고 옥중에서 자신의 지조와 독립에 대한 일관성을 유지하면서도 수감된 민족지사들의 민족의식 함양에도 유의하였다.

그는 일제의 회유를 단연코 거부하였다. 그러나 그도 인간인지라 감옥에서 생활은 쓰라린 고통이었다. 만해는 정서조차 조각조각 나던 시절이었다고 회고했다. 그럼에도 그는 고통을 이겨내면서 민족의식을 준열하게 지켜냈다. 여기에서 만해는 감옥과 세상이 둘이 아님을 확인하였다. 그러하였기에 감옥을 극락이라고 여길 수 있었다. 만해는 그 극락에서 매서운 수행을 마치고 세상을 향해 나갔다.

지조를 지키며 독립정신을 떨치다

만해가 차디 찬 일제의 경성감옥에서 출옥한 것은 1921년 12월 22일이었다. 감옥의 입구에는 만해를 맞이하는 사람들이 있었다. 그중에는 먼저 나온 민족대표도 있었고, 만해가 민족대표로 서명을 요구하였으나 거절한 저명인사도 있었다. 만해가 감옥 문을 나오자 그들은 만해에게 다가와서 고생하였다는 위로의 말을 건넸다. 그러나 만해는 그들이 내미는 손을 매정하게 거절하고는 그들의 얼굴을 쳐다보면서 "그대들은 남을 마중할 줄을 아는 모양인데 왜 남에게 마중을 받을 줄은 모르는가" 하면서, 그 사람들에게 침을 뱉었다. 그리고는 유점사 경성포교당으로 갔다. 만해는 출옥 후 찾아온 『동아일보』 기자가 근황을 묻자, 수척한 얼굴이지만 침착한 어조로 답하였다. 자신의 옥중 생활은 고통 속에서 쾌락을 얻고, 지옥 속에서 극락을 구한 것이고 이를 감옥 안에서 직접 체험으로 깨달았다고 말하였다. 그리고 불교를 위하여 일할 것이라

◇地獄에서極樂을求하라 … 한룡운씨옥중감상◇

이십이일오후에 경셩감옥에서가출옥한 조선불교계에 명성이 놉흔한룡운(韓龍雲)씨를 가회동(嘉會洞)으로방문한즉 씨는 수척한얼골에 침착한빗을띄우고말하되「내가옥중에서늣긴것은고통속에서쾌락을엇고 디옥속에서 텬당을구하라는 말이올시다내가경험으로는 여러번그러한말을보앗스나 실상몸으로 당하기는 처음인데다른사람은 엇더하얏는지모르나나는그속에서도쾌락으로 지냇슴니다 세상사람은 고통을무서워하야구차로히피하고자하기때문에 비루한데떠러지고 븬미한일홈을 듯게되나니 한번엄숙한인성관아래에 고통의갑분을밟는곳에 쾌락이거긔잇고디옥을 향하야드러간후에는 그곳을 텬당으로 알수잇스니우리의생각은 더옥위대하고더옥고상하게가지어야 하겟다」고씨는일류의 텰학뎍인셩관을말하야 흐르는물파가튼 으로다시말머리를돌리어장래는 엇지하려느냐 물은즉역시조선불교를위하야 일할터이나자세한생각은발할수업다」고하더라 (사진은출옥한한룡운씨)

만해의 출옥일성, '지옥에서 극락을 구하라'의 보도기사(『동아일보』 1921. 12. 23.)

고 간략하게 포부를 밝혔다.

얼마 후, 유점사 포교당에서 인근의 안국동에 위치한 선학원禪學院으로 거처를 옮겼지만 만해는 불교만을 위한 일에 전념할 수는 없었다. 그렇지만 그는 승려였기에 불교의 개혁을 위한 일부터 착수하였다. 만해가 출옥 후 가장 먼저 착수한 것은 그가 감옥에 수감되었을 때 건립된 선학원 사업의 동참이었다. 서울 종로구 안국동 40번지에 위치한 선학원은 1921년 11월 30일에 준공되었다. 선학원을 배경으로 1922년 3월 30일 수좌들의 조직체인 선우공제회禪友共濟會가 결성되었다. 선학원은 일제 식민통치, 일본불교의 침투 등으로 한국의 전통적인 선 불교가 무너지는 것을 염려한 승려들의 치열한 현실인식에서 설립되었다. 송만

만해가 1920년대에 머물렀던 선학원(서울 안국동)

공, 백용성, 오성월, 백학명 등 그들은 민족불교를 꿈꾸던 승려들이었다. 그들은 만해와 함께 임제종운동에 참여하였으며, 임제종 산물로 나온 선종 중앙포교당에서 활동하였다. 요컨대 이들은 항일적인 승려들이었다. 때문에 선학원은 항일적인 승려들의 연락사무소 혹은 항일불교의 중심처였다.

선학원이 건립되고 자주적으로 수행하려는 승려들의 친목을 도모하는 조직체가 등장하였으니 그것이 선우공제회였다. 만해는 선우공제회의 발기인 79명의 일원으로 동참했다. 그가 선우공제회에 관여된 것은 1924년 총회 때에 임시의장, 수도부 이사로의 선출이다. 만해와 선학원과의 주된 연관은 선학원이 만해의 거주 사찰이라는 점이다. 이로써 만해하면 선학원을 연상시켰다. 그러나 만해는 독자적으로 할 일을 모색하였기에 선학원 사업에 적극 참여하지는 않았다.

만해가 선학원에 머무르면서 추진한 것은 불교대중화를 위해 한문으로 된 불경을 번역·출판하는 사업이었다. 만해는 불교의 통속화를 추진하고, 고승의 학설과 사상을 널리 알리려고 결심했다. 그래서 그 사업의 추진체인 법보회法寶會를 1922년 3월 24일에 만들었다. 그러나 법보회는 뚜렷한 실적은 내지 못하였는데, 이는 만해가 관여할 일이 많고, 초청하는 곳이 다양하였고, 그를 따르는 수많은 사람들이 찾아오는 번잡함 때문이었다. 그러나 만해는 불교 대중화를 위한 역경, 출판의 중요성은 결코 버리지 않았다.

다음으로 만해가 관여한 것은 불교의 개혁이었다. 입산 이후 줄기차게 강조한 것은 불교 대중화를 위한 불교계 각 분야의 철저한 개혁이었다. 그것을 위해 파괴를 우선해야 함을 역설하였다. 그런데 만해가 강조한 불교개혁의 대상은 일제의 식민지 불교정책에 안주하는 주지들이었다. 3·1운동 이후 불교계에서는 일제의 불교정책을 비판하면서 자주적인 불교노선을 수립하려는 청년 승려들이 성장하고 있었다. 불교청년들의 의식은 처음에는 미미한 존재였으나, 그들의 의식과 행동은 전 불교계로 퍼져 나갔다. 이러한 움직임의 산물로 등장한 것이 1920년 6월 20일 각황사에서 창립된 조선불교청년회였다. 이를 주도한 불교청년은 서울에 소재한 중앙학림의 학생들이었는데, 그들은 3·1운동에 동참하였기에 민족의식이 투철했다. 그들은 만해의 노선에 동참한 그룹이었는데, 전국 사찰에서 분투하였던 불교청년들의 동참 속에 청년회는 출범

되었다.

조선불교청년회는 자체의 조직을 강화하고, 불교계의 모순을 지적하면서 불교개혁 활동을 시작했다. 그런데 청년회의 활동 노선에 찬반 양론이 심하였다. 그는 식민지 불교정책을 비판하고 자주적인 불교를 만들자는 측과 현실을 인정하고 점진적인 불교 개혁을 이루자는 측의 대립이었다. 그리하여 전자는 총무원을, 후자는 교무원을 만들어 갈등하였다. 양 진영은 서로가 정통성이 있는 단체라고 주장하고, 상호 간에 갈등이 나타났다.

이렇게 불교계가 분열되자, 불교 개혁은 이루어지지 못했다. 그러자 불교청년들은 보다 효과적인 개혁을 위한 별도의 조직체를 만들었으니 그것이 조선불교유신회였다. 조선불교유신회에서는 식민지 불교정책의 관건이면서, 불교발전의 장애물이 사찰령이라고 단정했다. 사찰령은 일제가 한국을 강탈한 직후 불교를 행정권으로 통제하기 위해 만든 법이었다. 사찰령 체제하에서는 불교의 모든 것이 일제의 손아귀에 들어 있었다. 더욱이 문제가 된 것은 이 체제에 기생하는 친일 주지들의 독단이었다. 친일 주지들은 지속적인 주지 장악을 위해 일제에 아부하였다. 그리고 주지 재임을 위해 사찰 재정을 장악하고, 사찰 공동체를 분열로 몰고 갔다. 그러자 불교계는 분열, 대립, 소송, 매각, 선거 등 일반 사회에서나 볼 수 있는 문제점이 팽배했다.

이런 배경하에서 만해는 불교 개혁의 입장을 개진하였다. 만해의 대안은 사찰령 폐지, 주지 임명제 폐지, 통일기관의 인정, 승려의 자율이었다. 이는 곧 불교발전을 위한 최소한의 요건이라고 주장했다. 즉 일제

佛敎社會化를爲하야

한룡운씨등이법보회를조직

팔만대장경을국문으로번역

만해가 불교사회화를 위해 만든 법보회의 활동을 보도한 기사(『동아일보』 1922. 9. 25.)

現制度를打破하라

朝鮮佛敎法寶會

韓龍雲師談

나는朝鮮佛敎에對하야 말하라는생각보다 차라리말아니하라는편이 만습니다마는 말을하라면 朝鮮佛敎의그自體로는 나는無限히 그未來를樂觀합니다——勿論悲觀하는사람도잇겟지오마는—— 그러나그同時에悲觀치아니치못할事情이 만습니다 最大한條件만으로도첫재에는現寺刹制度를打破하여야할것이니 三十本山이라는것은 可謂羣雄割劇로各自의地位勢力을 各自保全擴張하기爲하는까닭에 容易히 團結이되지아니하고 設或된다하야도皮相的이오 眞實한內容的團結이 아니되고둘재로는當局者의干涉이 넘우도細瑣煩苛하야 全鮮寺刹住持로써 總督府宗敎課官吏나屬이라면 몰으거니와宗敎家敎役者라면 아니될것은他國又는他宗敎家에 類例업는干涉일샙니다 그制度와그干涉을 그대로維持한다하면 朝鮮佛敎의未來는 發展할日이 遙遙할것이니 時刻이밧브게 現制度를打破하고當局의干涉을 免하야되리라고합니다。만일그러케되지안는다하면 그中間에반듯이 朝鮮의新佛敎를爲하야 新天地를開拓하며 新世界를建設한者가 써로出現할줄로 밋습니다 밋을뿐만아니라나부텀이라도 거재努力하라합니다

만해의 불교개혁 원칙을 소개한 잡지, 『동명』 2호(1923. 1.)

의 식민지 불교정책을 완전 부정했다. 이는 그가 감옥에서 체득한 철창철학의 변용이다. 원칙을 정하고, 그를 위해서는 어떤 타협도 없이 밀고 나가는 철저성이었다. 『동명』지 기자와의 대담(1923. 1. 7.)에서, 만해는

불교 발전을 위해서는 '현제도를 타파하는 것'이 지름길이라고 강조하였다. 총독부의 관권 간섭과 제도를 그대로 두면 발전과는 요원하다고 단언했다. 만해의 주장은 불교의 독립정신이었다.

만해가 불교청년운동에 직접 가담한 것은 1924년 초이다. 그때의 불교청년운동은 총독부의 탄압과 주지층의 견제로 인해 혼미 상태였다. 불교청년운동의 별동대인 조선불교유신회는 불교제도 변경, 재정통일, 사찰 소유재산 통일, 불교대중화라는 강령을 내세우고 활동에 주력하였다. 1922년 4월경, 불교청년들은 사찰령 폐지에 동의하는 승려 2,284명의 서명을 첨부하여 사찰령 폐지의 건백서를 총독부에 제출하였다. 그러나 총독부는 이 건의를 전혀 수용하지 않았다. 그러자 조선불교청년회에서는 총재제로 조직체를 변경하여 불교 개혁운동의 추진에 변화를 주었다. 그래서 총재로 한용운을 선출하였다.

만해는 총재에 취임은 하였지만, 총독부에 사찰령 폐지를 해달라는 굴욕적인 방법은 찬동치 않았다. 그는 불교계 구성원 스스로가 사찰령을 거부하고 자율적, 자주적인 통일기관을 만들면 된다고 주장했다. 만해의 이 주장은 청년회 내에서도 찬반양론이 심했다. 만해의 불교청년회 총재로의 활동은 진척되지 않았는데 그는 총무원, 교무원으로 이원화된 종단이 일제가 후원하는 교무원으로 통합되었기 때문이다. 그 통합은 일제 개입의 결과였는데, 일제 불교정책을 인정하는 의미였다. 불교계 노선도 일제를 인정하는 방향으로 흘러갔다. 이러한 현실 속에서 조선불교청년회, 조선불교유신회는 간판만 있는 현실이었다. 따라서 만해의 불교청년운동을 통한 불교 개혁은 후일을 기다려야만 했다.

韓龍雲氏出陣

불교유신회총재로

시내인사동(仁寺洞)에잇는조선불교청년회(朝鮮佛敎靑年會)에서는 재작륙일오후에 시내수송동각황사(覺皇寺)에서총회(總會)를열고규칙을개뎡하고 임원들을개선하엿는데간사제(幹事制)를총재제(總裁制)로개뎡하야오래동안 침묵을직히고 잇든한룡운(韓龍雲)씨가그총재가되고리종텬(李鍾天)씨가총무가되엿는데 한룡운씨가 이번총재가되야 활동을하게된것은 불교의유신을위하야 가장 감사할일이라더라

만해의 조선불교청년회 총재 추대 보도기사(「동아일보」 1924. 1. 8.)

그 당시 만해는 불교 분야 말고도 여러 분야에서 활동하였다. 그중 주목할 것은 초청 강연 활동이었다. 만해는 대중강연에 능하고, 적절한 재치와 비유로 청중을 사로잡았기에 명성은 자자했다. 특히 조선불교청년회 주최로 기독교청년회관에서 '철창철학'이라는 주제로 행한 강연은 가장 유명하다. 만해는 그 강당에서 청중을 울리고, 웃기면서 민족의식을 고취시켰다.

> 여보시오!
>
> 개성 송악산에서 흐르는 물이 만월대의 티끌은 다 씻어가도 선죽교 피는 못 씻으며, 진주 남강의 흐르는 물이 촉석루 먼지는 쓸어가도 의암義岩에 서려 있는 논개의 이름은 못 씻어 갑니다.

만해의 이 강연 내용의 대목을 들은 청중은 우레와 같은 박수로 화답

하는 등 열광의 도가니였다고 한다. 그의 비분강개한 어조는 청중들의 폐부를 찔렀다. 만해는 웅변을 잘하고, 특히 말이 유창하고, 비유가 멋있으며 목소리 또한 힘찼다. 그래서 그의 강연이 있는 날이면 청중들이 구름처럼 모였으며, 형사 보조원들도 만일의 사태를 지켜보았다. 만해는 강연을 하면서, 우리의 가장 큰 원수는 누구인가를 놓고 이야기를 전개하였다. 만해는 우리의 가장 큰 원수는 일본이라고 하는데 이것이 맞는가를 청중에게 질문하면서 강연을 진행하였다. 그러자 형사(조선인)는 눈을 크게 뜨며, '중지'를 외쳤다. 이럴 때, 만해는 갑자기 그 이야기의 소재를 슬쩍 돌려놓으면서 다음과 같이 이어갔다.

> 아닙니다. 우리의 원수는 소련도 아니오. 미국도 아닙니다. 물론 일본도 아닙니다. 우리의 원수는 바로 우리들 자신입니다. 우리들의 게으름, 이것이 바로 우리의 가장 큰 원수라는 말입니다.

만해의 이 말이 끝나기가 무섭게 청중들은 열렬한 박수를 보냈음은 물론이었다. 이렇게 만해가 강연을 잘하자 이곳저곳에서 만해를 초청하는 일이 속출하였다. 1922년 조선학생회 주최로 천도교 회관에서 열린 강연회에서는 '육바라밀'의 주제로 강연을 하였다. 1923년 3월 23일, 종로 기독교청년회관에서 열린 청년당대회를 주최한 주도자들이 만해를 초청하여, 축사를 요청한 것도 그 실례이다. 이렇듯 만해는 다양한 강연을 하였지만 그의 논지는 자각과 자존이었다. 만해가 강연을 잘한 것은 사실이지만, 단순한 말 재주가 아니다. 그는 주체적·독립적 정신의 전달에 능한 인물이었다.

만해는 점차 지성인을 대표하는 인물로 부각되었다. 근대기 국학자로 유명한 정인보는 학생과 청년들을 만나거나 자신이 강연을 할 때면, "조선 청년은 누구든지 만해 한용운을 배우라"고 강조했다. 정인보는 그 이유를 묻는 청중에게는 만해는 '한국의 간디'라고 대답하였다.

만해는 1922년 11월부터 시작된 민립대학기성준비회에 참여하였다. 민립대학의 건립은 일제의 차별적인 고등교육 정책에 저항하고, 민족교육을 지향하는 우리의 대학을 세우자는 운동이었다. 만해는 1923년 3월 31일에 개최된 민립대학 기성회의 발기회에서 30명의 중앙부 집행위원으로 선출되었다. 당시 그 집행위원에는 이상재, 조만식, 이승훈, 최린 등이 포함되었다. 또한 그해 4월 2일에는 9인으로 구성된 상무위원에 선출되었다. 만해는 그 운동의 핵심 주역이었는데 이는 그가 운동의 노선을 적극 지지하였음을 말한다. 이에 만해는 그 해 4월 18일 기독교 청년회관에서 개최된 제1차 강연회의 연사로 나섰다. 여기에서 그는 자조自助라는 주제로 대중 강연을 하였다. 만해의 자주 교육의 의식은 한국인과 일본인의 공동교육을 반대하는 것으로도 나타났다. 1935년 10월 8일, 『조선일보』에 기고한 「한·일 공학제도」라는 글은 조선인 본위의 교육을 해야 한다는 당위성을 주장했다. 일제의 교육은 동화정치, 우민화 기조였는데, 만해는 그를 강력 비판했다.

이렇듯 그는 선학원에 머무르면서도 불교 개혁, 불교 대중화, 민립대학설립운동 등에 관여하면서 대중들에게 독립정신을 고취시켰다. 독립정신이라 함은 일제에 저항함에 그치는 것이 아니다. 모든 사람들이 각

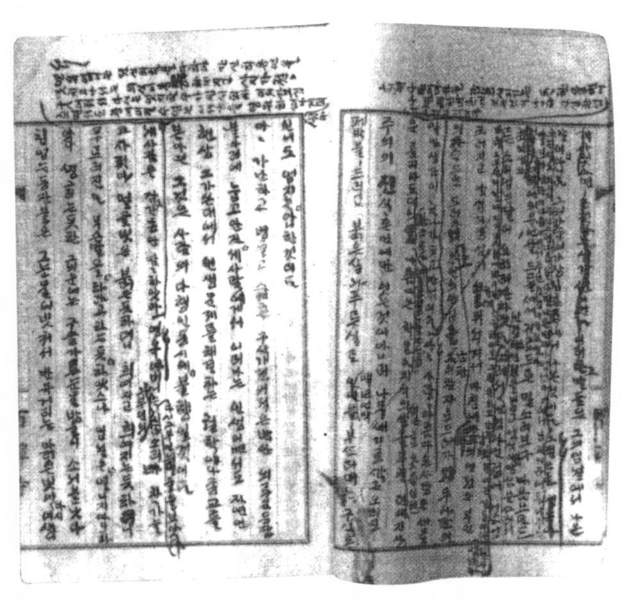

만해의 소설, 『죽음』(미간행)의 원고 뭉치

분야에서 주체적으로 일하고, 자율적으로 결정하고, 자신의 행복과 자존을 찾는 것이다. 이점이 만해가 강조한 독립정신의 핵심이다.

그러나 만해는 그의 행동을 감시하는 일제의 감시가 역겨워졌다. 만해는 출옥한 이후 해인사의 종무회의에서 자신의 장기간의 머무름을 결의하였지만, 일제의 탄압으로 취소되었음에서 일제의 의도를 간파했다. 더욱이 3·1운동 이후 일제의 정책이 문화정책으로 전환되자 친일파가 증가하기 시작했다. 이러한 변화에 만해는 허탈하였다.

만해는 서울을 떠났다. 그가 서울을 떠나기 직전, 소설 『죽음』을 썼다. 그 서술 시점은 정확치 않다. '죽음'이라는 제목에서 음산한 분위기를 느낀다. 추측을 한다면 당시 서울에서 벌어지고 있는 현실이 『죽음』을 쓰도록 자극하였을 것이다. 늘상 그러하듯이 만해는 다시 상경할 것이다. 만해가 무엇을 갖고 다시 상경할 것인가? 만해의 주위에 있는 사람들의 궁금증은 커 갔다.

사랑의 증도가, 님의 침묵을 열다

만해의 세속 고향은 충남 홍성이지만 그의 고향은 설악산 백담사다. 그는 1904년 집을 떠난 이후 홍성을 찾지 않았다. 서울에서의 활동이 여의치 않았을 때는 어김없이 백담사로 돌아가 심신을 재충전하였다.

1924년 4월 이후, 만해는 또 다시 실망했다. 그는 불교청년운동이 중도하차 되었음과 보살행이 실천되지 않는 현실을 개탄하였다. 불교의 현실도 일제를 인정하는 현실 안주의 정황으로 급변하였다. 이때를 기점으로 불교혁신 활동은 퇴장했다. 그리고 민중계몽과 불교의 일간 신문의 발행의 차원에서 만해가 구상한 『시대일보』의 인수 계획도 무산되었다. 그래서 만해는 더 이상 현실에 대한 기대를 접었다.

만해가 또 다시 백담사로 돌아간 시점은 1925년 초여름이었다. 그는 오세암으로 올라갔다. 오세암에서 만해는 3·1운동으로 인한 옥중생활, 서울에서 관여한 활동의 후유증을 풀었다. 오세암의 물, 풀, 바람, 바위

만해의 정신적인 고향인 백담사(1960년대)

등이 만해를 달래주었다. 그 자연에서 무아로서 자연과의 일체를 느꼈다. 그리하여 점차 자기 깊은 곳에 침잠되어 있는 본래의 자아를 찾았다. 아니 그 자아를 완전 버리고 있었다. 그는 또 다른 만해를 만들어갔다. 그때까지의 만해는 과격하고 급진적이며, 타협하지 않는 투사적인 만해상이었다. 그러나 만해의 심성은 차분하고 온화한 측면이 가미되었다. 그렇다고 그 본래의 성향을 지울 수는 없지만, 어느덧 47세의 중년이었다.

1925년 오세암에서 그의 생애사, 문학사에 기념비적인 획을 그은 또 하나의 역사를 기록했다. 『십현담十玄談』의 주해였다. 『십편담』은 중국 당나라 상찰常察 선사의 선화禪話 게송이다. 오세암에 들어와 심신을 추스르면서 독서를 하다가 우연히 『십현담』을 만났다. 그는 『십현담』에 담긴 선의 진수를 알게 되었다. 그래서 원래의 주해(청량 문익)와 김시습의 주해를 확인하고, 만해는 자신의 안목에 의한 새로운 주해를 시도하였다. 탈고 시점은 1925년 6월 7일이었다. 『십현담』은 불법의 진리를 율시 형식으로 읊은 10주제로 구성되었는데, 간략한 분량이다. 각 주제는 7언 율시의 형식으로 읊은 8구의 게송으로 구성되었다. 즉 10개의 제목과 80구의 게송이 『십현담』 내용의 틀이다. 10편의 시로 표현된 현묘한 선禪에 대한 담론談論이다. 만해의 『십현담주해』는 담론의 각 주제에 제목이 있고, 그 소제목의 비批·주註·게송偈頌으로 구성되었다. 비는 간단한 평이고, 주는 구체적인 설명이다. 만해가 이처럼 선 체험을 바탕으로 독자적 해석을 시도한 것에서 치열한 도전정신이 재삼 확인된다.

『십현담』의 주해를 통하여 그의 선사상을 피력하였다. 설악산으로 다시 돌아온 이후 감옥 생활, 출옥 이후의 활동에서 나온 짜증과 피곤을 씻어내고 선 수행의 정진을 통해 그의 에너지를 재충전할 수 있었다. 참선 수행, 한학실력, 다양한 독서 등에서 온 직관력으로 『십현담』을 주해할 수 있었다. 만해의 『십현담』의 주해는 그 직후에 쓰인 『님의 침묵』의 시에도 영향을 주었다. 만해는 『십현담』의 주해를 탈고한 이후 집중적으로, 자신의 모든 에너지를 투입하여 수십 편의 시를 써 내려갔다. 그 창작의 산물이 『님의 침묵』이다. 그렇다면 여기에서 만해가 시 창작을 하게 된 정서, 그 내면의 역사를 가늠해 보자.

오세암 시절의 만해의 심성을 가늠하기는 어렵다. 아마도 설악의 단풍과 밝은 달에 의하여 깊은 상념에 빠져 있지 않았을까?. 투사적인 만해에게서 중후한 만해로 변화되어 가는 과정은 아니었을까. 하여간에 만해는 안정을 찾아갔다. 그리고 안정이라는 단순함에서 자신의 내면에

민족문학의 불멸탑인 『님의 침묵』 초간본(1926)의 속표지

만해 선사상의 정수를 보여주는 『십현담주해』(1926)

있는 목소리를 들었다. 그 목소리는 그가 소중히 간직한 것이었으며, 약간은 비밀스러운 것이었다. 그 목소리의 충동은 더욱 더 커지고 있었다. 만해는 그 내면의 목소리를 붓을 통하여 내뱉었다. 구체적으로는 민족, 중생, 님을 그리워하는 사랑의 노래다. 마침내 그는 88편의 시를 썼다. 진정 그는 무엇을 위해, 누구를 위해 그 시를 썼겠는가. 아마 만해는 쓰지 못하면 견딜 수 없는 정열을 갖고 있었으리라. 그가 수년간 가지고 있었던 그 정열의 불덩어리가 이제는 시詩라는 문학으로 태어났다. 그 시의 탄생은 자신에 대한 고백이었다. 그러나 자신의 고백이 후일 수많은 사람들의 가슴에 잔잔하게, 때로는 태풍처럼 다가설 줄은 자신도 생각조차 못했다.

만해는 짧은 시간에 88편의 시를 썼다. 그래서 혹자들은 어떻게 단 몇 개월, 짧은 기간에 그처럼 주옥같은 시를 썼는가에 의아심을 갖는다. 그래서 만해는 더욱 더 신비의 인물로 만들어졌다. 그에게서 그것이 가능한 것은 깨달음의 경지에서, 물아일체의 상태에서, 자신의 존재까지도 잊었기에 가능하였다. 그는 사랑의 시인으로 변신했다. 그러나 그는 단순한 사랑이 아니었다. 나라, 민족, 중생, 님을 위한 사랑의 고백이었다. 이러한 배경에서 나온 『님의 침묵』은 수많은 파문을 던졌다. 만해는 서시序詩인 「군말」에서 다음과 같이 고백하였다.

「님」만 님이 아니라 기룬 것은 다 님이다.
중생이 석가의 님이라면 철학은 칸트의 님이다.
장미화의 님이 봄비라면 마치니의 님은 이탈리아이다.
님은 내가 사랑할 뿐 아니라 나를 사랑하느니라.
연애가 자유라면 님도 자유일 것이다.
그러나 너희는 이름 좋은 자유에 알뜰한 구속을 받지 않느냐.
너에게도 님이 있느냐. 있다면 님이 아니라 너의 그림자다.
나는 해 저문 벌판에서 돌아가는 길을 잃고 헤매는
어린 양이 기루어서 이 시를 쓴다.

여기에서 읊어진 대상인 님은 누구인가. 지금껏 수많은 만해 연구자들이 이를 설명했다. 님은 조국, 민족, 중생, 부처, 진아, 절대자, 친구, 애인이라고 한다. 그러나 님은 어떤 대상으로 고정하여 이해할 수는 없다. 문학은 읽는 사람의 심성에 수용되어 표출되는, 다양성 자체가 본질이다. 주목할 것은 만해, 그가 이제는 문학을 통하여 그 시대에 다가섰다는 것이다. 이것은 위험한 모험이자 도전이었다. 만해는 또 다른 도전, 모험을 그의 정신사에 기록했다. 그리하여 만해는 또 다른 에너지를 가지고 도회지로 갈 명분을 찾았다.

그러나 만해는 자신의 모험을 두려워하고 부끄러워하였다. 그 부끄러움을 솔직히 고백하였다. 솔직, 담백성, 철저성은 만해의 정신의 표상이다. 여기에서 그의 철저한 지조, 일관성, 양심의 소리를 들을 수 있다. 만해는『님의 침묵』말미에 있는 발문의 성격인「독자에게」서 자신의 심정을 고백했다.

독자여,
나는 시인으로 여러분의 앞에 보이는 것을 부끄러합니다.
여러분이 나의 시를 읽을 때에,
나를 슬퍼하고 스스로 슬퍼할 줄을 압니다.
나는 나의 시를 독자의 자손에게까지 읽히고 싶은 마음은 없습니다.
그때에는,
나의 시를 읽는 것이 늦은 봄의 꽃수풀에 앉아서
마른 국화를 비벼서 코에 대는 것과 같을는지 모르겠습니다.

밤은 얼마나 되었는지 모르겠습니다.
설악산의 무거운 그림자는 엷어갑니다.
새벽종을 기다리면서 붓을 던집니다.

만해는 시 창작의 마지막 순간에 이 시를 최종적으로 덧붙였다. 만해는 자신이 시인으로 등장한 것에 부끄러워하였다. 그럼 그는 왜 시를 써야 했는가. 그를 시인으로 만들게 한 내면의 목소리의 정체는 무엇인가.

만해는 내설악의 깊은 밤의 그림자가 엷어질 때에 새벽종을 기다리면서 수십 편의 시 쓰기를 멈춘다. 새벽종이라고 표현한 것에서 만해의 강열한 독립의 의지를 파악할 수 있다. 그때는 1925년 8월 29일 밤, 백담사의 화엄실이었다. 만해는 오세암에서 심성을 가다듬고, 정열적으로 『님의 침묵』 대부분을 써 내려갔지만 그 최종적인 원고정리, 마침표는 백담사에서 하였다.

만해를 시봉한 상좌, 춘성
욕쟁이 도인으로 유명하다.

만해가 근대문학사와 자신의 생애사에 길이 남을 작업을 오세암에서 하였을 때에 그를 도운 사람은 누구였는가. 상좌인 이춘성이 정성으로 시봉하였고, 만해를 사모하였던 서연화 보살도 곁을 지켰다. 만해는 설악의 새벽이 오기 전에 백담사를 떠났다. 오세암은 깊숙하고 한적하였으나, 만해는 아무 일이 없음을 고요함이라고 보지는 않았다. 만해는 고요보다는 시끌벅적한 도회지, 중생들이 생존을 위해 맞부딪히는 현장이 어울렸다. 다만 어디에 가든 처음 맹세를 어기지 않는 것이 중요했다. 만해는 장대비가 와도 끄떡없는 연꽃처럼 진흙탕이 튀기는 속세의 중심으로 달려가길 원했다.

그는 대중들의 삶의 터전, 아수라장으로 향하였다. 만해는 초심을 잊지 않고, 오세암에서 갈고 닦아 재충전된 정신으로, 원고 뭉치를 들고 떠났다. 설악의 바람소리, 나뭇잎이 부딪치는 소리는 절로 섞이고 섞여, 만해의 발자욱 소리를 물리치고 있었다.

겨레를 보듬으며 민족운동을 추스르다

1926년 봄, 중생들이 몸을 부딪치며 나라를 되찾으려는 터전의 중심인 서울로 만해는 돌아왔다. 상경한 만해는 선학원에 머물렀다, 오세암과 백담사에서 쓴 원고 뭉치를 가지고 출판사로 향했다. 1926년 5월 20일, 회동서관滙東書館에서 그의 시문학 결정판이요, 한국문학사에 영원히 기록될 명저인 『님의 침묵』이 발간되었다. 그리고 『십현담주해』도 만해가 역경, 불교출판 사업을 위해 만든 법보회에서 『님의 침묵』 발간 직전인 1926년 5월 15일에 펴냈다. 『십현담주해』는 비매품으로 나왔기에, 많이 유포되지는 않았다.

이로써 만해는 시인으로 거듭 태어났다. 문단지를 통한 데뷔의 길을 가지 않고, 자신의 영혼의 목소리를 담은 시집을 직접 출판하는 방법을 택하였다. 출판된 이후 만해의 『님의 침묵』이 당시 문인, 학생, 대중들에게 어느 정도의 영향을 주었는지는 가늠하기 어렵다. 그러나 『님의 침묵』은 일정한 반향을 일으켰음은 분명하다. 『님의 침묵』이 발간된 직후 유광열은 『시대일보』(1926. 5. 31.)에, 주요한은 『동아일보』(1926. 6. 22, 6 .26.)에 독후감을 발표한 것이 하나의 단서이다. 또한 그 재간본이 1934년 7월 30일, 한성도서주식회사에서 출간되었음도 참고할 점이다. 유광열은 동양의 예술, 종교, 철학, 도덕, 인생관, 세계관 등이 무르익은 것이 곧 『님의 침묵』이라고 평했다. 이에 반해 주요한은 만해의 『님의 침묵』을 '사랑의 시'로 접근하였다.

◇新刊紹介◇
萬海韓龍雲先生著
十玄談註解 非賣品
安國洞四十番地 法寶會
님의 •沈默 一圓五十錢
南大門通一丁目十七番地 滙東書館
洞徹한禪旨와 緻密한思索으로 警悟가極하고 寓意가깁흔 格外의禪語며 拔萃한散文이라 누구나 아니읽을수업고 아니讚歎할수업는것은 萬口의同評

『십현담주해』와 『님의 침묵』을 신간으로 소개한 광고문(『불교』 24호, 1926. 6.)

여기에서 만해는 한국 근대문학사의 한 획을 그었다. 우리말의 구사능력, 우리말의 운율효과로써 시문학에 이정표를 세웠다. 『동아일보』는 1926년 5월 27일자의 신간 소개에서 "고은 솜씨와 경건한 사상으로 쓴 산문시집"이라고 평했다. 그리고 『님의 침묵』은 인도를 대표하는 시인 타고르의 영향을 받았다는 지적이 있다. 만해는 『유심』지에 타고르를 소개하였으며, 1924년 김억이 번역한 타고르 시집 『원정園丁』을 읽어 보았을 가능성이 있다. 때문에 그의 시에서 타고르의 영향을 부인할 수는 없다.

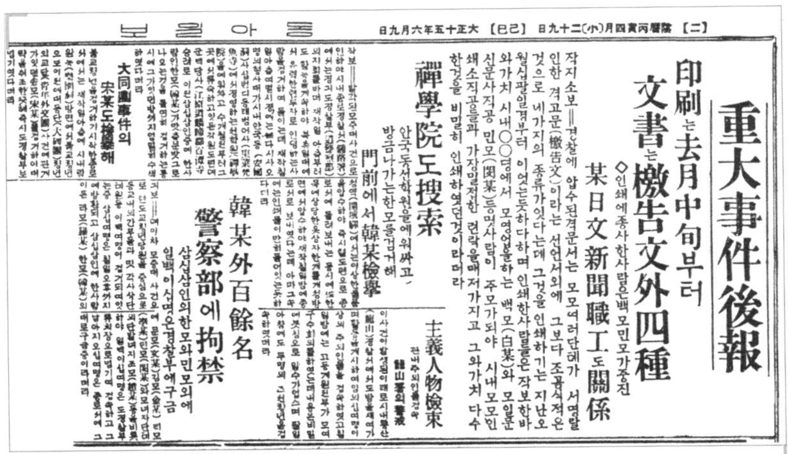
동아일보

【二】 陰曆丙寅四月(小)二十九日 【己巳】 大正十五年六月九日

重大事件後報

印刷는去月中旬부터 文書는檄告文外四種

◇인쇄에종사한사람은백모민모가중진

某日文新聞職工도關係

작지소보=경찰에 압수된격문서는 모모여러단톄가 서명날인한 격고문(檄告文)이라는 선언서외에 그보다 조곰식적은것으로 네가지의 종류가잇다는데 그것을 인쇄하기는 지난오월십팔일경부터 이엇는듯하다하며 인쇄한사람들은 작보한바와가치 시내○○뎡에서 모영업을하는 백모(白某)와 모일문신문사직공 민모(閔某)등멋사람이 주모가되야 시내모모인쇄소직공들과 가장밀접한 련락을매저가지고 그와가치 다수한것을 비밀히 인쇄하엿던것이라더라

禪學院도搜索

안국동선학원을에워싸고, 방금나가는한모를검거해

門前에서韓某檢擧

主義人物檢束

관내주의인물검속

鍾山署의警戒

韓某外百餘名 警察部에拘禁

삼십삼인의한모와민모외에 일백이십여명경찰부에구금

大同團事件의 宋某도檢擧해

만해가 6·10만세운동이 발발하기 직전 일제에 사전 구속되었음을 보도한 기사(『동아일보』 1926. 6. 9.)

한편 만해는 상경하여 민족운동 중심부로의 진입하였다. 당시 민족운동은 사회주의의 파급과 일제의 분열정책으로 큰 혼란을 겪었다. 일부의 민족운동가, 지식인들은 일제의 친일파 양성책에 말려들기도 하였다. 요컨대 민족운동 진영의 대혼란기였다. 만해는 1926년 6·10만세운동 당시에는 사전 예비 검속에 의해 일본 경찰에 6월 6일 선학원에서 끌려갔다. 그러다가 13일에 석방되었는데 이는 만해의 민족운동을 근원적으로 차단한 것이다.

만해는 민족운동의 분열에 대하여 민족운동에 대한 원칙을 수립해야 한다는 소신을 갖고 있었다. 즉 독립이라는 절대 과제를 위한 방법이 되어야지, 방법론이 우선될 수 없다는 것이다. 만해의 이 소신은 『동아일보』 기자와 1925년 1월 1일에 대담한 내용인 「혼돈한 사상계의 선후

책」에 잘 나온다.

> 민족운동과 사회운동, 이것이 우리 조선 사상계를 관류하고 있는 2대 주조主潮입니다. 이것이 서로 반발하고 대치하여 모든 혼돈이 생기고 그에 따라 어느 운동이고 다 이론을 버리고 실지에 착안하는 날에 모든 혼돈이 자연히 없어지리라고 믿습니다. …… 우리는 오늘 특수한 형편을 보아 이 두 주조가 반드시 합치되리라 믿으며 또 합치하여야 할 것인 줄 압니다. …… 그러니 나는 우리 사상계를 사상으로 구제하지 말고 오직 실행으로 현실을 본 실행으로 하여 나갈 것임을 주장합니다. 해방의 수단 방법에 대해서는 이에 언명할 자유가 없거니와 양 운동자가 이상보다 현실에 입각하는 날에 서광이 올 줄 압니다.

만해는 '2,000만 민중이 당면한 중대문제'라는 부제가 붙은 위의 글에서 민족운동과 사회운동이 합치되고, 독립을 위한 노력을 공동으로 해야 한다고 강조했다. 특히 독립운동은 현실에 바탕을 두고 실행해야 한다는 원칙을 제시하였다. 만해의 주장은 완전한 해방·독립을 얻는 것이 최우선이지, 제도의 선택은 그 연후에 결정하는 것이 순서라고 주장했다.

만해가 주장한 운동 진영의 대동단결은 좌우합작의 형태를 띠고 등장한 신간회新幹會로 나타났다. 1927년 2월 15일 서울 종로의 중앙기독교청년회관에서 신간회는 출범하였는데, 신간회는 "우리는 정치적·경제적 각성을 촉진함, 우리는 단결을 공고히 함, 우리는 기회주의를 배격

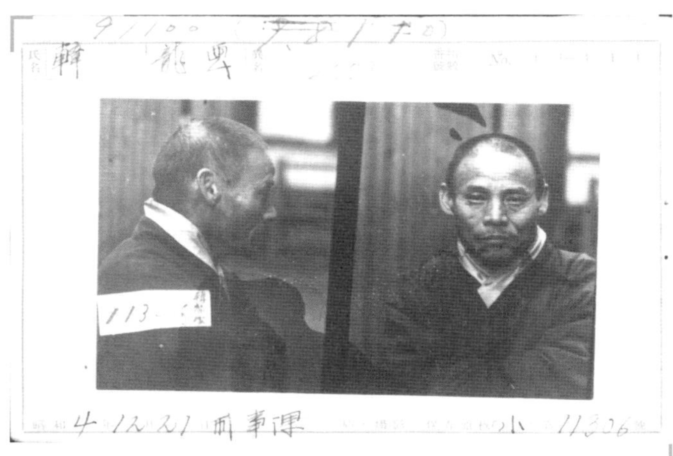

만해가 광주학생운동 진상을 폭로하는 민중대회 사건으로 일제에 피감되었을 때의 수형기록부(1929. 12.)

함"이라는 강령을 내걸었다. 만해는 신간회를 발기하였을 뿐만 아니라 창립총회에서 중앙집행위원으로 선출되었다. 그리고 6월 10일에는 신간회 경성지회장으로 선출되었다. 또한 그가 머무르는 선학원을 신간회의 활동 공간으로 제공했다. 그러나 만해는 1927년 12월 3일, 돌연 경성지회장을 사임했다. 그 연유는 경성지회의 선전 강연회를 열기 위해 실무자가 마포경찰서에 청원서를 제출하는 조건으로 집회 허가를 얻었기 때문이다. 즉 만해는 회장인 자신과 상의하지 않고, 신간회 정신인 비타협주의를 훼손시킨 그 조치에 책임을 졌다.

만해의 신간회 활동에서 주목할 것은 1929년 11월 3일, 광주에서 시작되어 전국으로 퍼져 나간 이른바 광주학생운동의 지원이었다. 광주학생운동이 발발하자 신간회 본부에서는 진상 조사단을 11월 10일에 광주로 파견하였다. 진상 조사의 결과에 의해 신간회는 광주학생사건 보고 대연설회의 개최를 기획하였다. 그러나 이 대연설회가 일제의 탄압으로 중지되자, 일제의 불법탄압과 광주학생운동의 진상을 폭로하는 민중대회를 추진하였다. 이 계획은 허헌의 집에서 이루어졌는데, 만해는 송진우, 안재홍, 홍명희, 주요한, 권동진 등과 함께 이 문제를 상의하였다. 민중대회에서는 광주학생운동의 진상 폭로, 구속학생 석방 주장, 경찰의 탄압상 폭로를 할 것을 정하고 연설 후의 시가행진도 결의하였다. 만해는 조병옥으로부터 연사로 나서줄 것을 요청받아, 승낙하였다. 그러나 일제의 정보망에 걸려 민중대회는 무산되었고, 신간회 간부들은 일제 경찰에 연행되었다. 만해도 그 대상임은 물론이었다. 1930년 1월 6일, 경찰에서 풀려난 만해를 찾아간 김용사 출신 불교청년인 민동선은 그 정황을 다음과 같이 회고하였다.

> 석방되던 때가 12월 세모 한창 추운 때였다. 소식을 듣고 안국동 선학원으로 찾아갔더니 그때는 밤이었다. 방세간도 별로 없는 크다란 빈 방에서 사발만한 전기 곤로 한 개 앞에 놓고 보료 위에 딱 도사리고 외롭게 홀로 앉아 있는 그 자세야말로 보는 이로 하여금 오대산에서 방금 도착한 나반존자那畔尊者가 아니신가 의심하게 할 만큼 고고하고 표연하였다. "날씨도 추운데 옥고가 얼마나 하셨습니까?" "춥기는 무엇이 추워 여기나 마찬가진걸" 고통을 겪었으되 얼굴 빛 하나 변함 없는 것을 볼 때에 지옥과 천당 고苦와 락樂이 둘이 아닌 경지를 이미 몸으로 체득한 사람이란 것을 짐작하게 되었다.
>
> -「한용운선생 회상기」, 『불교계』 22호, 1967. 3.

만해의 농민운동에 대한 관심을 전하는 기고문(『조선농민』 6권 1호, 1930. 1.)

신간회는 1931년 5월에 가서는 노선상의 갈등으로 인하여 자진 해소되었다. 만해는 신간회 해소론이 제기되자, 1930년 2월의 『삼천리』지에 「신간회 해소운동」의 글을 기고했다. 그는 연합의 형태보다는 각 계급의 개별적 운동으로 독립을 이룰 수 있다고 보고, 운동 단체 간의 새로운 결합을 제안하면서 해소는 불가하다고 개진하였다. 해소는 불가하고, 다른 형식으로도 조직되어야 한다는 신조직설을 주장했다. 이러한 만해의 논리는 그가 『혜성』 창간호(1931. 3.)에 기고한 「대협동기관 조직의 필요와 가능 여부」에서도 지속되었다. 즉 만해는 해소론은 정책적인 차원에서 나온 것으로 보면서, 해소보다는 분화로 나가자고 했다.

그럼에도 신간회가 끝내 해소되자 만해는 1932년 1월 3일의 『조선일보』에 기고한 글, 「표현단체 건설 여부」에서 해소론자를 착오적 이론과 충동에 의해서 운동을 그르친 자로 단정했다. 그리고 부분적인 계급운동을 떠나서 '조선운동'을 위해 범민족적인 표현 단체가 재건되어야 한다는 주장을 피력하였다. 요컨대 만해는 완전한 자주독립을 쟁취하는 민족운동을 위해 분파적인 사상과 주의를 버리고 총단결해야 함을 강조했다.

만해의 민족운동은 지엽적인 문제는 제거하고 민족의 대동단결을 우선시해야 한다는 것이었다. 그런데 만해의 이 논리에는 민족 구성원 각자가 자각해야 한다는 전제가 있었다. 이에 만해는 농민, 여성, 청년 등의 활동에 많은 관심을 가졌다. 농민운동에 대해 그는 농민의 경제적 이익을 기할 수 있는 운동으로 나아가야 한다고 보았다. 일제하 농민들은 식민지 수탈, 가혹한 수취 등으로 심한 고통을 받고 있었다. 이에 농민들은 소작쟁의 혹은 농민단체를 통하여 그 해결을 시도하였다. 국내의 식민통치에 불만을 품거나, 해결될 기미가 전혀 없다고 본 농민들은 남부여대男負女戴하여 만주, 러시아, 일본, 미국, 멕시코로 이주하였다. 만해는 이런 사태에 즈음하여 농업은 직업으로는 신성하다고 보면서, 농민 스스로도 기술 연구를 통해 생산 증진을 도모해야 한다고 하였다. 『조선농민』 창간호(1930. 5.)에 기고한 글인 「농업의 신성화」에서 만해는 농민의 문제는 농민 스스로의 각성과 농민의 시각에서 풀어가야 함을 주장하였다.

만해가 주장한 자각은 여성운동에 대한 문제의식에서도 드러난다. 1927년 7월 3일, 『동아일보』에 기고한 글, 「여성의 자각」에서 여성 스스로의 진정한 자각을 강조했는데, 즉 여성 자각이 여성 해방과 인류해방의 근원이라고 주장했다. 만해의 여성운동관은 신간회 자매단체인 근우회에 대한 이해에서도 그대로 적용된다. 근우회는 일제하 여성운동의

一人一話

女性의自覺이 人類解放要素

韓龍雲氏 談

내가지금녀성이라는것은 일반녀성을가르켜서하는말이아니요 신녀성즉상당한교육을 바든녀성또는녀성해방운동에참가한녀성을가르켜서하는말입니다 그들에게는무엇보다도자각이필요하다고생각합니다 이때까지의현상 또는이때까지의녀성활동의결과를보면신녀성들에게자각이부족한것이사실입니다 그중에는물론철뎌한자각을가지고잇는이도잇겟지마는대체로보면 그들이사회를위하야활동하게된것은자신의철뎌한그자각에서나온것이아니오 남자에게피동(被動)된것갓습니다

◇례를들면처음에는적극뎍(積極的)으로녀성해방을위하야나서서활동하야따라서일반의촉망과희망도만앗든유명한신녀성이한번가뎡만가지게되면 종래의리상과결심은꿈가치이저버리고 완전히타락하야다시그일홈을들을수도업게되는일이만습니다 또한가지례를더들면 한참동안은 단발녀자(斷髮女子)가만터니 요사이는보기에드믈게되엿습니다 이것을보면그동이해방운동을하고또는단발하든것이그자신의구든자각에서나오지안은것이분명합니다

◇녀성해방운동은녀성자신의운동이라야합니다남자에게피동되는운동은무의미하게되며 또무력하게됩니다 그러나나는과거의조선녀성의운동이남성에게만히피동되엇다하야 그것을질책하려하지안습니다왜그러냐하면녀자는과거몃천년동안더열한디위에서학대밧어왓슴으로 그들은질(質)로서나또는인간으로서나비상히뎌렬(低劣)하게되어잇스니그들이일조일석에자각을가질수업는것은사회진화과뎡(社會進化過程)상엇지할수업는원인입니다

◇그러나이진화과뎡을밟게하지아니하면아니됩니다례를들면그대로버려두면십년갈것이라도우리가로력하면삼년이라든지사년동안에성공할수잇도록그것을단축(短縮)식힐수잇습니다다시말하면우리는조선녀성으로 하여금진정한자각을가지고그자신의해방에대하야자립뎍정신(自立的精神)으로잘활동하게하기위하야그자각을촉진하여야합니다녀성에게충분한자각이잇게되는날조선녀성운동은비로소힘잇게뎐개될것입니다그럼으로나는녀성의자각을녀성해방의목뎍더나아가서는인류해방의목뎍을달하는원소(元素)라고합니다

만해의 여성운동에 대한 인식을 전하는 기사(『동아일보』 1927. 7. 3.)

총집결체였다. 만해는 근우회의 기관지인 『근우』 창간호(1929. 7.)에 기고한 글 「작은 일부터」에서 여성운동은 현실을 직시하여 작은 일부터 실천할 것을 요구하였다. 그는 여성의 속박이 전통적인 윤리, 도덕, 습관에서 나왔다고 보고, 이를 극복하려면 여성 스스로 각성해야 한다고 강조하였다. 만해의 여성운동관은 유교적·전통적 질서를 극복하면서도 근대적인 평등사상을 수용, 조화시켜야 한다는 당위성에서 나왔다.

만해는 청년들에게 분투하고 전진하여 현실을 뚫고 나가야 함을 항상 역설하였다. 그는 자주적·능동적인 청년운동으로 나라와 민족에 대한 정신을 키워가야 한다고 했다. 만해는 청년들에게 기대를 많이 하였다. 그러나 소심하고 무기력한 젊은이를 만나면, 다음과 같이 일갈을 하였다.

> 이놈들아, 나를 매장시켜봐. 나 같은 존재는 독립운동에 필요도 없을 정도로 네놈들이 앞서 나가 일해 봐!

만해는 주어진 현실이 비참하지만 그를 극복하고, 새로운 세상을 만들어 갈 수 있는 기회가 청년들에게 있다고 보았다. 『조선일보』 1929년 1월 1일에 기고한 글, 「조선청년에게」서도 만해의 주장을 찾을 수 있다

> 현금의 조선청년은 시대적 행운아다. 바꾸어 말하자면, 현대는 조선청년에게 행운을 주는 득의得意의 시대이다. 조선청년의 주위는 역경인 까닭이다. 역경을 깨치고 아름다운 낙원을 자기의 손으로 건설할만한 기운에 제회際會하였다는 말이다.

즉 조선의 청년들은 행운아라는 입장에서 청년들의 분투를 주장하였다. 만해의 주장은 고난을 피하지 말고 정면으로 맞서라는 것이었다.

卷頭言

魔軍을 항복받는것은 偉大한威神力이라야 한다 無明을 베이는것은 밝은、智慧의 칼이라야 한다(此間十四字略)未來를 建設하는것은 有爲의靑年이라야 한다、有爲의靑年이라는것은 理論으로서 아니라 實行으로서다

萬海

만해가 불교청년들을 격려한 권두언(『불청운동』 11호, 1933. 8.)

그러므로 하늘과 땅에 돌아보아 조금도 부끄럽지 않을 옳은 일이라 하면 용감하게 그 일을 하여라. 그 길이 가시밭길이라도 참고 가거라. 그 일이 칼날에 올라서는 일이라도 피하지 말아라. 가시밭을 걷고 칼날 위에 서는 데서 정의를 위하여 자기가 싸운다는 통쾌한 느낌을 얻을 것이다.

-「고난의 칼날에 서라」, 『실생활』 3권 11호, 1932. 11.

위의 글에서 만해 정신의 칼날을 느낀다. 그의 칼날은 용기 있는 자

를 원한다. 조선의 문제, 민족운동의 앞길을 헤쳐가는 용감한 청년은 누구였던가.

> 쌓인 눈 찬 바람에 아름다운 향기를 토하는 것이 매화라면, 거친 세상 괴로운 지경에서 진정한 행복을 얻는 것이 용자勇者니라. 꽃으로서 매화가 된다면 서리와 눈을 원망할 것이 없느니라. 사람으로서 용자가 된다면 행운의 기회를 기다릴 것이 없느니라. 무서운 겨울의 뒤에서 바야흐로 오는 새봄은 향기로운 매화에게 첫 키스를 주느니라. 곤란 속에 숨어 있는 행복은 스스로 힘쓰는 용자의 품에 안기느니라. 우리는 새봄의 새 복을 맞기 위하여 모든 것을 제 힘으로 창조하는 용자가 되어요.

『불교』 91호(1932. 1.)의 권두언의 일부 내용인, 「용자勇者가 되라」에서도 만해 정신의 본질이 극명하게 나온다. 용자는 고난의 칼날을 잡은 사람이다. 여기에서 만해의 청년정신, 청년운동에 대한 바람이 명쾌하게 드러난다. 그의 청년에 대한 사랑은 청년들이 나라와 민족을 구하는 시대정신에 투철하게 맞서야 한다는 주문이다. 그에게는 나라와 민족이 님이었을 것이다. 그 님은 중생의 다름이 아니다. 그래서 만해는 깨달아 부처가 되기 이전에 중생을 사랑하고 보듬어야 한다고 보았다. 중앙불전의 교지인 『일광』 창간호(1928. 12.)에 만해가 기고한 「성불과 왕생」은 많은 시사를 준다.

> 부처님 되랴거든
> 중생을 여의지 마라

극락을 가려거든
지옥을 피避치 마라
성불成佛과 왕생往生의 길은
중생과 지옥

당시 중앙불전의 학인 승려들은 만해의 민족정신을 높이 평가하고, 만해의 가르침을 받기를 원했다. 그래서 학인들은 조선불교청년회를 재발족시키고(1928. 3.), 항일 결사체인 만당卍黨(1930)도 만들었다. 이렇듯 만해는 불교청년들과 함께 나라와 민족불교를 찾기 위한 노력을 하였다. 그러나 자신은 불교청년들보다 먼저 그 길로 나아가기 위한 자신의 의지를 피력했다. 만해의 그 심정은 아래의 시조에서도 찾을 수 있다.

이순신 사공 삼고 을지문덕 마부 삼아
파사검破邪劍 높이 들고 남선북마南船北馬 하여 볼까
아마도 님 찾는 길은 그 뿐인가 하노라

–『나라사랑』 2집, 1971.

만해가 이순신을 소재로 이런 감흥을 피력한 것은 1931년 6월 25일에 출범한 이충무공유적지 보존회의 위원으로 참여한 것에서 나왔을 것이다. 그때 만해는 안재홍, 조만식, 정인보, 김병로 등과 함께 활동했는데, 이 운동은 각처로 파급되어 갔다.

만해가 각계각층의 운동을 격려한 이념의 바탕에는 조국과 겨레에 대

가갸날에 對하야

韓龍雲

나는新聞紙를通하야가갸날에
對한記事를보게되엿는데 그記
事를보고 . 무엇이라고表現하기
어려울만치이상한印象을바덧슴
니다「가갸」와「날」이라는말을따
로떼여노면누구든지 흔히말하
고듯는것이라너무도심상하야아
모刺戟을주지못합니다그러나그
테케 쉽고흔한말을모아서「가
갸날」이라고한이름을 지어놓은
것이그리새롭고 반가워서 이상
한印象을주게됨니다가갸날에對
한印象을무어라고말하자면오래간
만에 문득맛난님처럼익숙하면
서도새롭고 깃부면서도슯흐고
자하야그衝動은아름답고그感激
은슯흡니다또한편으로는바야흐
로장여노은畫幅처럼무서운힘이
잇서보임니다 이것은조금도加
減과裝飾이업는나의가갸날에對
한率直한印象임니다 이印象은
無論흔히聯想하기쉬운民族觀念
이니社會觀念이니하는것을떠나
서또는무슨까닭만한理論을떠나

만해의 한글 사랑, 민족문화에 대한 애정을 알 수 있는 기고문, 「가갸날」(『동아일보』 1926. 12. 7.)

한 뜨거운 감정이 살아 있었다. 즉 민족정신의 구현, 민족문화에 대한 애정이 있었다. 정신과 문화를 상징적으로 보여주는 대상은 언어, 즉 우리말이다. 1926년 한글날이 제정되자, 만해는 그를 적극 찬동하면서 문득 만난 님처럼 익숙하면서도, 새롭고 기쁘면서도 슬펐다고 하였다. 그래서 그 감흥을 『동아일보』(1926. 12. 7.)에 「가갸날에 대하야」라는 시로 토해 내었다. 이 시는 낙산사 관음굴에서 지었는데, 만해의 우리글에 대한 애정은 조선어학회의 발기인으로 나타났다. 조선어학회는 그 암울한 세상에서도 「한글맞춤법 통일안」(1933)을 제정하였다.

만해는 1931년 7월, 전주 안심사에서 한글 경판이 발견되었다는 신문 보도를 접했다. 만해는 안심사에 한글 경판이 있다는 소식을 접하고, 즉시 달려가서 확인한 과정을 "나의 일생에 많이 받아본 기억이 없는 정도의 충동을 받았다"고 표현하였다. 긴장, 초조의 상태로 안심사로 내려갔고, 안심사에서 한글 불경판을 발견하고 자신의 손으로 정리하여 놓고 나서는 환희에 들떠 있었다. 만해는 작업을 마치고 654개의 경판이 보관된 법당을 되돌아보고, 두어 줄기의 눈물을 흘리면서 그 심정을 다음과 같이 노래하였다.

값 없는 보배란
티끌에서 찾느니라
티끌에서 찾았거니
티끌에서 묻을소냐
두만강에 고이 씻어
백두산에 걸어 놓고
청천백일 엄숙한 빛에
쪼이고 다시 쪼여

반만년 살아오는
사랑하는 우리 겨레
보고 읽고 다시 써서
온 누리에 빛 지으리라

-『불교』 87호, 1931. 9.

만해가 기고한 「국보적 한글 경판의 발견 경위」(『불교』 87호, 1931. 9.)의 마지막 문장인 위의 글에서 만해의 민족정신이 민족문화에서 기인하였음을 알 수 있다. 만해는 조선총독부가 인출비용을 대겠다는 제안을 단연코 거절하고, 조선 사람의 후원을 받아 안심사 경판인 『금강경』, 『원각경』, 『은중경』을 1932년 12월에 인출印出하여 세상에 공개하였다.

만해 민족운동의 기초와 민족정신의 토대는 민족문화에 대한 애정, 자각에서 이루어졌던 것이다. 이처럼 만해는 나라와 겨레에 대한 사랑으로 민족운동을 추스르고, 그 일선에 서 있었다.

만당, 불교개혁을 추동하다

만해의 불교개혁에 대한 소신은 평생을 일관하였다. 그가 1913년에 『조선불교유신론』을 발간한 이래 그의 불교개혁에 대한 열정은 한시도 식을 줄 몰랐다. 그렇지만 1920년대 중반기에는 불교청년운동도 퇴진하여 만해의 불교개혁론은 발붙일 틈이 없었다. 그러나 1920년대 후반, 불교청년운동의 재기와 함께 만해 불교혁신론은 재가동하였다. 그 재가동의 중심에 항일 비밀결사인 만당卍黨이 있었다. 불교청년운동의 재기는 외국 유학을 마치고 국내로 복귀한 불교청년의 성장, 민족운동이 대동단결하였던 추세, 중앙불교전문학교의 개교 등이 결합되었음에서 가능하였다.

불교청년운동이 재기의 깃발을 든 시점은 1927년 11월이었다. 만해를 따르던 불교청년들은 불교청년운동의 재건을 기하면서 항일의식을 불태웠다. 불교청년들은 1928년 3월, 서울 각황사에서 조선불교청년대회를 개최하였는데 이 대회가 불교청년운동 부흥의 첫 발자욱이었다. 재기한 불교청년회는 이전 불교청년운동의 부진을 성찰하면서 불교청년운동의 활성화를 검토하였다.

고뇌하는 모습의 만해 『별건곤』, 『불교』 등에 나오는 사진이다.

한편 불교청년들은 재기의 여세를 몰아 불교계 전체의 모순에도 큰 관심을 가졌다. 그 모순은 불교계 전체의 통일기관의 부재와 그로 말미암은 규율과 원칙의 부재였다. 이는 일제의 사찰정책에서 나왔다. 즉 일제는 사찰령을 통하여 불교계를 31본산제로 개별 통제하였다. 이 구도하에서 불교계의 자율적인 틀이 없었고, 친일적인 주지들이 전권을 행사하였다. 그래서 불교청년들은 민족의식이 투철한 승려들과 연합하여 이를 해결하려는 노력을 기울였으니 그 산물이 1929년 1월 3~5일, 각황사에서 개최된 승려대회였다. 불교청년인 김법린, 백성욱, 도진호, 김상호 등은 승려대회의 개최를 위해 맹렬한 활동을 하였다.

승려대회는 불교계 대표 107명이 참가한 가운데 성공리에 개최되었다. 대회에서는 불교계 운영의 틀인 종헌宗憲을 제정하고, 종헌에 근거하여 불교를 대표하는 승려인 교정敎正 7인을 선출하였으며, 불교도들의 여론 기관인 종회宗會를 만들었으며, 불교의 행정을 집행하는 교무원도 출범시켰다. 이는 불교의 자주화를 의미한다. 때문에 승려대회는 한국 근대불교사에서 기념비적인 의의를 갖는다. 만해도 대회에서 성립된 종

승려대회에 참여한 불교계 대표들의 기념사진(현 조계사, 1929. 1. 5.) 불교 자주화의 신기원을 구현하였다.

헌과 종회에 대해서는 큰 의미를 부여하였다. 만해의 이 대회에 대한 평가는 아래의 글에서 찾을 수 있다

> 그후의 종회라는 것은 완전히 조선불교의 통제기관으로 출현하였던 것이다. 종회로 말하면 30본산의 주지뿐만 아니라 명실공히 전조선불교도의 총의로 성립되었고, 그 종헌이 엄정할 뿐만 아니라 성립 당시에 30본산 주지를 위시하여 참석한 승려가 한가지로 종헌을 엄수하여 영원히 복종 실행할 것을 삼보三寶 전에 분향하고 오체투지五體投地하면서 선서문을 낭독하였다 한다. 그 의식이 얼마나 장엄하였으며 그 서원이 얼마나 견고하였든가.
>
> -「조선불교통제안」, 『불교』 신2집, 1937. 4.

만해는 불교 자주화의 구도에 나온 종헌 체제를 통제기관의 출현으로 보면서, 그를 전조선불교도의 총의에서 나왔음을 강조하였다.

한편 불교청년들은 불교청년운동의 대외적 위상을 높이기 위하여 1930년 7월 미국 하와이에서 개최된 범태평양불교청년대회에 불교청년운동의 핵심인 도진호를 파견하였다. 도진호는 대회에 참석하여 조선불교의 대표성을 확보하고, 최남선이 서술하고 불교청년인 최봉수가 영역한 『조선불교(Korean Buddhism and her in the position in the Cultural History of the Orient)』를 배포하였다. 이는 한국불교를 전 세계에 홍보한 특기할 내용이다.

불교청년운동 주체는 재기하면서 동지연결 부재, 통일정신 박약이라는 자체 내의 문제를 해결하고, 불교계 전체의 모순을 해소하면서, 불교 대중화를 추진할 수 있는 별도의 조직체를 만들었으니 그것이 바로 만당卍黨이었다.

항일 비밀결사인 만당은 1930년 5월경에 가시화되었다. 만당을 출범시킨 핵심 주역인 조학유, 김법린, 김상호, 이용조, 박영희는 당시 불교계 현실을 비판하면서 이따금 만해를 찾아가 자문을 구하였다. 이러한 고민 끝에 그들은 항일적인 비밀결사체를 통해, 만해의 불교 정신을 구현하기로 결의하였다. 만당의 주역인 이용조의 회고록은 그를 잘 보여준다.

> 우리 4인은 여러차례 상의 끝에 순교殉教정신을 가진 동지들을 규합하여 비밀결사를 조직하기로 합의를 보았다. 1930년 5월 경에 우선 4인이 불

전佛前에 서맹誓盟하고 결사를 한 후 2차로 조은택, 박창두, 최봉수 제씨를 포섭하였으며 다음 불전 재학중인 박영희, 박윤진, 강유문, 박근섭, 한성훈, 김해윤 제씨도 입당시켜 주비리柱秘裡에 창당 선서를 하고 당명을 만당이라 했으며 ……. ―「내가 아는 만자당(卍字黨) 사건」, 『대한불교』 1964. 8. 30.

이처럼 처음에는 4인으로 출발하였지만 2, 3차로 당원 포섭을 하면서 만당은 출범하였다. 만당이라는 이름은 만해卍海의 '卍'자를 따서 만들었다. 그러면 만당은 만해와의 직접 관련이 없이 등장하였나? 이 점과 관련한 만당 당원이었던 박영희의 회고가 참고된다.

시국이 점점 불리해지고 동지들이 변절이 자꾸만 늘어나는 것을 본 만해선생은 비분을 참을 길이 없어 실의의 나날과 고궁固窮의 나날이 계속되던중 그때 연대는 기억이 나지 않습니다마는 내가 중전中傳 3학년때라고 생각합니다. 어느날 만해선생이 학교로 찾아오셔서 나를 살짝 불러 학교 뒤 바위위에 올라가 젊은 동지를 규합하여 비밀결사를 조직할 것을 의논하고 인물을 골라 서너번 찔러 본 다음 생각이 꿋꿋하거든 입당시키고자 하여 최범술, 이용조, 박근섭, 강재호 등을 당장 찾아가 입당 겸 발기총회가 되고 탑골 근처에 가서 막걸리를 한잔씩 마신 다음 결사불변決死不變의 맹세를 한 뒤 차츰 동지를 규합한 것이 만당卍黨이고 …….

―「광복절에 생각한다」, 『법륜』 174호, 1973. 8.

요컨대 만해의 비밀결사 조직 촉구가 결과적으로 만당으로 이어졌다.

비밀결사를 통한 항일은 만해와 불교청년간의 이심전심의 상태에서 나온 것이다.

이렇게 등장한 만당은 만해의 불교대중화, 민족불교의 정신을 실천하기 위한 이면 단체였다. 강령은 정교분립, 교정확립, 불교대중화를 내세웠다. 만당의 이념은 그 선서문에서 더욱 드러난다.

> 보라! 3천년 법성法城이 허물어져 가는 꼴을!
> 들으라! 2천만 동포가 헐떡이는 소리를!
> 우리는 참을 수 없는 의분義憤에서 감연히 일어선다.
> 이 법성을 지키기 위하여! 이 동포를 구하기 위하여!
> 향자向者는 동지요 배자背者는 마권魔眷이다.
> 단결과 박멸이 있을 뿐이다.
> 우리는 안으로 교정敎政을 확립하고 밖으로 대중불교를 건설하기 위하여
> 신명身命을 도賭하고 과감히 전진할 것을 선언한다.

이 선서문에서 민족과 불교를 구하려는 고뇌에 찬 결의를 느낄 수 있다. 이 선서문에 나타난 정신이 만해가 고난의 가시밭길을 걸으며 쟁취하고자 한 것이었다. 때문에 만당은 만해이고, 만해는 만당이었다.

불교청년들은 만당을 출범시키고, 당원들을 확대시켜 갔다. 당원은 비밀 절대 엄수와 당의黨議 절대 복종을 지키기로 하고 그 서약이 지켜지지 않을 경우에는 생명을 바친다는 각오를 하였다. 선언과 강령도 암송하였다. 만당의 당수로는 당원들이 만해를 추대하였으나, 그를 만해에

불교청년운동의 단일체인 조선불교청년총동맹의 창립대회(현 조계사, 1931. 3.) 불교청년들은 만해를 지도자로 추대하였다.

게는 알리지 않았다. 만약의 경우 비밀이 노출되어 만해에게 불행이 닥치는 것을 막기 위함이었다.

만당은 매월 세 번째 일요일에 정기 모임을 갖고 중앙 불교계 전반의 일을 논의하였다. 그 장소는 중국 요릿집을 이용하거나, 소풍객을 가장하여 교외에서도 모임을 가졌다. 만당은 특수 지구에는 지부를 두었는데, 일본의 동경이 해당된다. 만당은 불교청년운동 내의 이면단체, 지하단체로서 불교계 제반 일을 논의하였기에 만당의 결정은 중앙 불교계에 관철되었다. 불교청년운동의 경우 1931년 3월, 기존 회제會制를 총동맹 체제로 전환시킨 것도 만당의 전략이었다. 총동맹 체제는 기존 조선불교청년회의 조직 구성원뿐만 아니라 강원의 학인, 여자불교청년회까지 망라한 불교청년운동 최대 단체였다. 총동맹의 강령은 불타정신의 체험, 합리종정의 확립, 대중불교의 실현으로 정하였는데, 이는 만해 불교개혁 정신의 집약체이다. 만해는 총동맹의 창립 기념 강연회(1931. 3. 25.)에서 '조선불교청년총동맹에 대하여' 라는 제목의 강연을 하였다. 불교청년총동맹은 기관지인 『불청운동佛靑運動』을 발간하여 만당의 정신과 만해의 불교개혁론을 널리 알렸다. 이렇듯 만당과 불교청년총동맹이 불교 진로를 견인하면서 교단 운영을 좌지우지 하였다. 이를 예증하는 것이 1932년 5월에 동국대 전신인 중앙불전의 교장으로 만해를 불교청년들이 추천한 것이다. 중앙불전의 운영을 둘러싸고 나타난 학교 측과 교무원 이사진 간의 갈등 구조에서 만해를 추종하던 허영호(범어사)가 해임을 당하였다. 그러자 만당 당원과 중앙불전 강사진은 만해를 교장으로 추천하였다. 그러나 일제는 이를 인가하지 않았다.

한편 만당 당원은 처음에는 4명으로 출발하였지만 점차 늘어 80여 명에 달했다. 현전하는 자료가 부재하여 당원 전체는 알 수 없다. 각종 기록을 종합하면 핵심적인 인물은 조학유, 김상호, 김법린, 이용조, 조은택, 박창두, 강재호, 최봉수, 박영희, 박윤진, 강유문, 박근섭, 한성훈, 김해윤, 서원출, 장도환, 정상진, 허영호, 민동선, 차상명, 정맹일, 이강길, 최범술, 김경홍, 조종현 등이었다. 이들은 각처에서 자기가 소속된 단체, 사찰에서 항일적인 불교개혁을 위하여 분투하였다. 1930년대 전반기 불교 자주화, 불교 대중화의 노선을 간 것은 만당 활동에서 찾을 수 있다.

그러나 1932년 말, 만당은 내부의 갈등으로 인하여 자진, 해체되었다. 그는 일부 당원이 당론인 중앙교단의 간부에는 취임치 않는다는 원칙을 무시하고 교무원의 이사에 취임을 한 일에서 발단이 되었다. 핵심 당원들은 모임을 갖고 치열한 논의 끝에 자진 해산을 결의하였다. 조직이 유지되면서 활동을 하다가, 당의 정체가 노출되면 더 큰 희생을 치를 것을 염려한 산물이었다. 그런데 1938년 만당이라는 정체가 일제의 첩보에 의해 파악하고, 그로 인해 몇 차례에 걸쳐 만당 당원들이 일제 경찰에 연행, 구속되는 등 갖은 고초를 당하였다. 이때 만해는 당원들이 구속된 경찰서를 찾아다니면서 면회를 하였다. 면회를 거부당하자, 그는 가지고 간 꽃다발을 던지면서 영광의 꽃다발이라고 불렀다고 한다.

한편 만해는 불교계 전체의 진로를 고민하면서 자신의 불교개혁 구상을 더욱 가다듬었다. 당시 불교계에서 가장 논란이 심한 것은 1929년 승려대회에서 결의한 종헌체제의 실행여부였다. 만해는 불교계 구성원 대표가 지키겠다고 맹서한 종헌의 이행은 곧 민족불교로 나아가는 첩경이고, 사찰령 극복의 지름길이었다고 보았다. 즉 일제 사찰정책의 핵인 사찰령으로 대변되는 정치적 간섭에 항쟁하는 유일한 대안으로 인식했다. 불교의 자주화를 담보하는 통일기관을 수립하고, 그 통일기관의 정신과 규율 하에서 불교 발전을 기하고 민족불교로 나아가자는 주장이었다.

따라서 만해는 종헌 실행을 강력히 촉구하였다. 그러나 친일주지들은 종헌 체제의 실행에 비협조적이었다. 그것은 주지들이 자주적인 종헌 체제에서 배제될 것을 염려한 것과 식민지 권력에 기생하였던 체질을 벗어나지 못하였기 때문이었다. 그래서 불교계에서는 그 실행을 둘러싸고 일

종헌 발포 4주년 기념식(1933)을 마친 불교 지도자 만해는 종헌 실행이 사찰령 극복의 지름길이라고 보았다.

대 격돌이 벌어졌다. 종헌 실행세력과 반종헌 세력 간의 대립이었다.

이런 상황에 직면하여 종헌 실행세력과 불교청년들은 그 난관을 타개하기 위한 차선의 대책을 강구하였다. 그는 사법寺法 인가설이었다. 사찰령을 거부하자, 본산 사찰들로 하여금 사법을 개정케 하는 것이다. 불교계의 자율, 운영의 통일성, 전불교계를 통할하는 통일기관의 권한 부여 등을 본사들의 사법에 포함시켜 자주적으로 운영하자는 것이다. 그래서 개정된 사법을 일제 당국이 인정하면 불교계 통일운동은 가능하다는 입장이다. 그러나 이 사법개정도 친일 주지들의 비협조로 성과를 거두지 못하였다

만해는 종헌 실행이 후퇴하는 원인을 승려들의 나약성에서 찾았다. 사찰령이 철폐되어야 한다는 주장과 정치와 종교를 분리하자는 정교분립이 일제에 반항하는 것이라고 생각하는 승려들의 몰지각이 문제라고 보고 분통을 터트렸다. 그리고 종헌을 일제에게 인가받자는 종헌인가설은 자주적으로 결정한 것을 오히려 일제 당국의 구속을 스스로 받겠다고 자청하는 것이라고 평하고, 그를 몰상식한 행동이라고 단정하였다.

이런 배경하에서 만해가 본산주지들이 초청한 법회(조계사)에 가서 본사 주지들에게 욕을 퍼부었다는 정황이 이해된다.

“세상에서 가장 더러운 것이 무엇인줄 아십니까, 제일 더러운 것 그것은 똥입니다.”

“그러면 똥보다 더 더러운 것은 무엇이겠습니까? 그것은 송장입니다. 그러면 송장보다 더 더러운 것이 있으니 그건! 바로 31본산 주지인 네놈들이다.”

만해는 욕설을 퍼붓고 뒤도 돌아보지 않고 법당을 나왔다고 한다.

불교계의 이 같은 현실에 즈음하여 만해는 자신의 불교개혁론을 종합 정리하였다. 『불교』 88호(1931. 10.)에 기고한 『조선불교개혁안』이라는 논설이었다. 이 개혁론은 그가 1913년에 발간한 『조선불교유신론』의 계승이라는 입장과 변화된 현실을 고려한 1930년대 만해 불교개혁의 진수를 보여준다.

만해는 서언에서 당시 불교의 개혁은 공상적 이론을 떠나서 역사적 필연의 실행 기회를 맞고 있다고 보았다. 그리고 불교는 조선 민족의 생활에서 분리할 수 없다고 했다. 그래서 조선 민족의 정신과 생활의 형태

朝鮮佛敎의改革案

韓龍雲

一、緖言

朝鮮佛敎의改革은 空想的理論을떠나서 歷史的必然의實行期에 際會하야있다 아즉도山間에있어서 時代를理解하지못하는 頑固한僧侶라든지 多少의時務를안다는者의 保守主義者로는 因循姑息 自然成長的改良主義를 死守하고있는것이 事實이다 그렇나 方裝의砲裂와같이畜積하야있는 青年佛徒의懷抱라든지 急潮와같이動盪하는 四圍의情勢로보아 朝鮮佛敎의改革運動은 얻어한形式으로든지 爆發되지안이하면안이될것이다

一千五百年의長久한歷史를갖인 朝鮮佛敎는 朝鮮의 化에對하야 얻어한貢獻이있엇는가 한말로말하자면 佛敎를떠나서 朝鮮의文化를말할수없는것이다 建築에있어그러하고 繪畵에있어그러하고 雕刻에있어그러하고 國民文學에있어그러하고 온갖國俗習慣言語乃至地名(山名水名村名等)等 모든일에 佛敎의惠澤을받지안이한것이없고 世界的偉人이될만한人物로도 元曉義相大覺普照西山泗溟等이있고 世界的으로자랑할만한 값이있고묵에있어서 한民族으로서 한國家로서 이렇다고내여놓만한것이 朝鮮에무엇이있는가 있다면 海印寺의藏經板이있고 佛國寺石窟庵의美術品이있고 其他한글經板繪畵建築等 佛敎에關한 僅少한몇가지가 있을뿐이다

朝鮮에佛敎가들어온후로 新羅高麗에있어서 全盛時代가되얏다 그때에는 朝鮮固有의文化도 別로없엇고 漢文化의輸入도 稀薄하얏음으로 佛敎의文化가 어느끝에透入지안이한데가없엇다 그리하야 朝鮮의山河와人文은 意識的無意識的으로 渾然히佛敎化하게되얏다 지금까지 遺傳的習慣的으로 傳來하야있음으로 器世間과人文에있어서도 그러하고 精神上特히信仰心에至하야는 그根源을 佛敎에두지안이한것이없다 假令形式에있어서는 非宗敎人이라할지라도 信仰的動

만해의 1930년대 불교개혁 정신을 집약해 보여주는 논설, 「조선불교의 개혁안」(『불교』 88호, 1931. 10.)

를 혁신하려면 그에 대한 역사적 영도권을 갖고 있는 불교개혁이 우선 되어야 한다고 주장하였다. 그러면서 불교계의 내외 정세를 위기일발, 백척간두에 서 있다고 보았다. 왜냐하면 일제 사찰령의 간섭, 사회운동자의 반종교 행위, 유물주의, 무정부주의, 허무주의 등이 종교를 압도하고도 남을 기세였기 때문이다. 즉 불교개혁을 추진함에 있어 암초가 많다는 것이다. 그 암초는 친일 주지, 사찰령, 종교를 부정하는 부류들이었다. 그러므로 만해는 이 같은 어려움을 극복하기 위한 대책을 구체적으로 제시하였다. 그 대안 중에서 사찰의 폐합, 경론의 번역, 선교의 진흥은 이전 『조선불교유신론』에서 제시된 것을 변형하여 발전시킨 것이다. 그러나 통일기관의 설치, 교도의 생활 보장, 대중불교의 건설은 변화된 현실에서의 구체적인 대안이다. 물론 이 대안도 이전 『조선불교유신론』에서 전혀 없었던 것은 아니다. 다만 더욱 구체성, 실천성을 갖는 것이다.

통일기관의 설치는 1930년대 전반기 불교계를 뜨겁게 달구었는데, 만해는 통일기관의 당위를 강력히 주장하였다. 모든 단체에는 집단적 운용과 규율이 있어야 하듯이 불교에는 그것이 없어 발전의 장애가 되었다고 보았다. 그래서 만해는 자주적으로 통일기관을 만들고, 그 기관에서 주지를 임면하고, 사법을 통일시켜, 그 기관의 명령에 따르자고 했다. 나아가서는 통일기관의 방식으로 총본산과 교무소라는 대안까지 개진하였다. 교도의 생활보장은 불교 발전의 추진기로 보면서 대안을 피력하였다. 이는 사찰 재산을 통합하여 불교도가 생활할 수 있는 사업체를 운영하고, 불교청년들의 생활 보장을 해주는 것이다. 이는 불교발전의 주역들은 불교계에서 책임을 지자는 입론이다. 대중 불교 건설은 만해가 구상한 불교개혁의 최종 단계로 이해된다. 불교개혁을 통하여 불교대중화의 방향으로 가자는 논리를 세우고 중생, 대중의 생활 현장으로 불교가 뛰어 들어가 대중의 행복을 만들어 주어야 한다고 하였다. 만해는 이 입론을 주장하면서 그 실행은 불교도 자체가 사회적으로 진출하여 불교 교화를 궁행실천하는 것으로 결론지었다.

> 요컨대 대중불교를 하려면 산간암혈山間巖穴에서 청정清淨 자지自持하던 승려의 인습을 타파하고, 제불 보살의 방편력方便力을 궁행실천하여 불교의 교화로 중생의 행복을 증진하지 않으면 안될 것이다.

만해는 불교개혁안을 7개 분야로 나누어 설명하였다. 그러나 그는 이 개혁안이 당시 불교 현실에 비추어 본 과도기적 개혁안으로 보았다. 그리고 개혁안의 실시 여부는 불교도들의 자각 여부에 달려 있는 것으로 단정하였다. 만해는 불교도의 자각만이 불교개혁, 불교발전, 민족불교의 지름길이라고 거듭하여 강조하였다.

만해가 불교개혁을 강력하게 불교계에 주문하였지만 현실적으로 수용된 것은 빈약하였다. 다만 만해가 주장한 불교 통일기관 설립은 1937년 3월 이후 본격적으로 추진되어 총본산 건설운동으로 나타났다. 그 결과 총본산 사찰이면서 통일기관의 거점인 각황사가 건축되었다. 이것이 1940년 4월의 조선불교조계종으로 나타났다. 그런데 여기에는 일제의 고도의 불교 통제책이 숨어 있었다. 일제는 중일전쟁을 수행

현 조계사 대웅전의 공사 장면(1937) 불교 민족운동인 총본산 건설운동의 차원에서 추진되었는데, 만해도 이 운동을 적극 지지하였다.

하기 위한 조선 내부의 정비 차원에서 불교계의 효율적 관리를 염두에 두었다. 일제의 주문과 한국 불교의 염원인 통일기관 수립이 결합되어, 1937년 초부터 총본산 건설운동은 추진되었다. 그런데 이 운동은 초기부터 자주적, 자율적으로 추진할 것인가, 아니면 일제의 도움을 받아서 할 것인가를 놓고 논란이 있었다. 바로 이때 만해는 불교발전을 위한 총본산은 추진하되, 자주적으로 해야 함을 역설하였다.

비상한 위기를 돌파하려면 비상한 결심과 용기로 백척간두百尺竿頭에 일보를 갱진更進하지 아니하면 아니될 것이다. 인순고식因循姑息 그것이 어찌 능히 비상한 위기를 타개하리오. 조선불교는 현재의 침체한 원인을 근본적으로 개혁하지 아니하면 아니 될 것이다. 자치와 자멸은 양립하지 못하는 것이다. 자치自治가 아니면 자멸自滅이요, 자멸이 아니면 자치가 있을 뿐이다.

희噫 조선불교는 조선불교도의 조선불교인 것을 아느냐 모르느냐. 하루바삐 조선불교의 자치 통제기관을 세우라.

-「조선불교 통제안」, 『불교』 신2집, 1937. 4.

만해는 자치에 의한 통제기관을 세우라고 하였다. 즉 조선불교도를 위한 통제기관이 되어야 함을 거듭 강조하였다. 왜 만해는 이런 지적을 하는가. 통제기관이 일제의 식민통치에 이용당하는 기관으로 전락해서는 안 된다는 예측이다.

민족의 자각은 왜 그리도 더디고, 나약하였는가. 불교는 민족불교로 즉시 나아가지 못하였는가. 만해의 고민과 의문은 바로 여기에 있었다.

불교 언론의 일선, 원고지와 씨름을 하며

만해가 불교개혁을 힘차게 추진할 때 그의 활동 중에서 주목할 것은 당시 불교계의 종합 잡지인 『불교』지의 편집 겸 발행인이었다. 만해가 『불교』 발간의 책임을 맡은 것은 1931년 7월호인 84·85합호부터다. 일시 휴간되었다가 경남 3본산의 주관으로 복간된 신1집(1937. 3.)부터 신19집(1939. 1.)까지는 고문으로 활동하였다. 이 기간에 만해는 『불교』의 지면을 이용하여 자신의 불교개혁에 대한 주장, 권두언, 수필, 소설, 시, 논문 등 다양한 분야의 글을 기고하였다. 이 기간의 『불교』는 거의 만해 독무대라 볼 수 있다.

그런데 만해가 『님의 침묵』 발간 이후, 『불교』지 편집인(사장)을 하기 이전에 작업한 대상은 『건봉사 사지』였다. 건봉사는 그의 출가 사찰인 백담사의 본사이고, 만해가 본격적인 선 수행을 최초로 하였으며, 그에게 법을 전해준 은사인 만화가 머물던 사찰이었다. 때문에 만해로서는 건봉사가 뜻깊은 사찰이다. 만해는 건봉사에 들리게 되면, 불교청년과 학인들에게 특강을 하였다. 건봉사는 불교청년들의 교육에 큰 지원을 하였던 사찰로 유명하다. 서울, 일본에 유학을 간 건봉사 불교청년들은 신문화에 접하면서 현실과 조국에 대한 의식을 키웠다. 만해의 민족의식은 그들의 열정에 불을 지피기에 충분하였다. 그래서 건봉사 출신의 민족 시인이 많았다. 만해가 건봉사의 사지를 편찬한 것은 사라져 가는 사찰의 역사의 복원을 통한 민족문화의 기초를 구축하려는 의식에서 나왔다. 당시 건봉사 주지인 이대련의 간곡한 부탁을 받은 만해는 건봉사, 건봉사 소속의 말사의 자료를 모아 분류하고, 편년식으로 정리하였다. 그러나 만해가 관여하기 이전에 건봉사 학승 김일우와 신흥사 주지인 최관수가 초안 작업은 하였다. 그 초안은 '건봉본말사지'라고 되어 있었지만 미흡하고, 편집의 원칙이 산만하여 만해의 손을 거쳐야만 되었다. 만해는 건봉사에 칩거하며, 건봉사 역사를 재창조하여 1928년 6월 『건봉사 및 건봉사본말사적』이라는 이름으로 사지 편찬을 완료하였다. 그 사지는 건봉사의 발행인으로 편찬·발간되었다.

「불교」 창간호(1924. 7.) 만해는 84·85합호~109호까지의 사장으로 활동했다.

만해가 『불교』의 발행인으로 취임한 것은 불교사를 경영하였던 교무원으로부터 불교사가 독립했기에 가능했다. 만해가 『불교』를 인수하

건봉사 불교청년들이 '부처님 오신 날'을 맞아 연극을 마치고 찍은 기념사진(1940) 건봉사에서 강연을 한 만해의 영향으로 건봉사 청년들은 문학, 불교 분야의 근대화에 앞장섰다.

기 이전 논조는 불교 교리, 교양, 사상 위주의 편집 원칙이었다. 『불교』는 1924년 4월에 창간되었는데 발행의 주체는 교무원이었다. 교무원은 1922년 12월 출발 당시부터 일제의 조종을 받았다. 교무원은 교단으로 볼 수 없는 재단법인으로서 불교의 강학과 포교를 추진하는 일종의 사업 추진체였다. 다만 교단이 부재한 상황이었기에 교단의 역할을 수행하였을 뿐이었다. 이러한 성격을 갖고 있었던 교무원이 발간한 불교 잡지가 바로 『불교』이었기에 정치와 시사時事, 즉 현실 분석과 비판은 배제했다. 그래서 현실에 대한 비판, 식민지 불교 현실에 대한 원고는 게재치 않았다. 만해가 편집 책임을 맡기 이전에는 학승인 권상로가 발행인이었다. 권상로는 명진학교 제1회 출신으로 불교 역사, 불교 교리의 방면에서는 이름을 떨치던 강백이었다. 그는 현실 비판이라는 노선과는 거리가 멀었다. 권상로의 편집 시절, 만해는 『불교』지에 단 하나의 글도 기고치 않았다.

만해가 불교사 편집인으로 취임하자, 『불교』 84·85합호 84면의 '특별사고'에는 사장이 한용운이라는 내용이 게재되었다. 만해가 『불교』 발행의 책임을 맡으면서 불교계 현실 분석, 비판, 대안의 성격이 대폭 강화되었다. 그리고 필진도 신진 인물, 불교청년운동가 등이 새로운 필진으로 등장하였다. 이로써 『불교』는 불교개혁, 항일적인 근거처로 떠올랐다. 그 정황은 만해의 회고에서 찾을 수 있다.

> 불교가 창간된 이래 그 내용은 조선불교계에서 일어나는 일반 사상의 보도와 교리 선전이 주안이 되어 왔다. 그러다가 불기 2958년에 불교사가 독립의 형태를 가지고 편집의 책임자가 바뀐 이후로는 불교지의 내용이 혁신되어서 교계 사상事象의 보도와 교리 선전 이외에 정교분립의 주창과 불교행정의 비판과 일반 불교도의 정신 진작 등 보지報誌로서 실로 면목약여面目躍如한 내용을 가지게 되었다.
>
> -「불교의 과거와 미래」『불교』 신20집, 1940. 1.

만해는 발행의 책임을 맡은 그 시기(1931. 7.~1933. 9.)에 『불교』지에 다양한 글 50여 편을 기고하였다. 이 시기의 만해의 생활은 낮에는 원고를 붙들고 전력투구하고, 밤에는 지친 심신을 달래는 것이었다. 그러나 『혜

불교사 사무실이 있었던 교무원 건물(현 조계사 자리)

성』 9호(1931. 1.)에 기고된 「겨울밤 나의 생활」에서는 정열적인 기고 활동으로 오히려 그의 생활은 단순하였다고 나온다. 그의 삶은 독서와 참선, 기고와 아홉 시의 취침으로 이루어졌다. 당시 불교사에 근무하였던 유엽은 만해가 열성을 다해, 주경야독의 정신으로 『불교』 발간에 온 정성을 다하였다고 회고했다. 학승인 김포광은 『불교』에 원고를 주었지만 만해의 얼굴이 반쪽이 된 것을 보고는 원고료를 달라는 소리도 차마 못했다. 만해는 불교사를 자신의 분신처럼 아끼고, 온 정성을 다하였다. 그 시절, 불교사를 찾았던 신석정은 "거만 무쌍하면서도 다정한 만해스님은 아주 붙일 맛이 두터웠고 …… 그칠 새 없는 장광설이 인상적"이라고 회고했다.

『혜성』지 1931년 8월호 기고된 글, 「만해 한용운씨 면영面影」에는 만해는 지칠 줄 모르는 에너지를 갖고 있었다는 내용이 나온다. 그의 에너

詩歌

聞砧聲 韓龍雲

何處砧聲至 滿窓自生寒
莫道天衣煖 孰如徹骨寒

雙光不到處 依舊愧禪僧

◇贈古友禪話

看盡百花正可愛 縱橫芳草踏烟霞
一樹寒梅將不得 其如滿地雪風何

詩人韓龍雲氏

◇詠燈影

夜冷窓如水 臥看第二燈

◇見櫻花有感

昨冬雪如花 今春花如雪

만해 한시가 소개된 『삼천리』 창간호(1929. 6.)

지는 무엇을 말하는가? 그는 초심初心이었거니와 설악의 깊은 골짜기에서 다짐한 보살심, 민족불교 지향이었다. 만해의 초심은 처음으로 편집 책임을 맡은 후에 쓴, 시조인 「환가還家」에서 찾을 수 있다.

갓다가 다시 온들
츰 맘이야 변하리까
가져올 것 다 못가저와
다시 올 수 없지만은
님께서 주시는 사랑
하 기루어 (다시 와요)

—『불교』 84·85합호, 1931. 6.

즉 처음 마음(초심)에서 시작하였다. 만해의 일관된 정신은 아래의 시조에도 나온다.

가며는 못갈소냐
물과 뫼가 많어기로
건느고 또 넘으면
못 갈리 없나니라
사람이 제 안이가고
길이 멀다 (하더라)

-『불교』 93호, 1932. 3.

가지도 않고, 건너지는 않는 소극적이고 나약한 정신을 질타한다. 도전하고, 재도전하는 정신이 그 원형이다. 이 정신은 만해가 청년시절부터 지녀온 특성이다. 그의 도전정신은 청년 정신이요, 진취성이다. 그가 거듭하여 일제 불교정책에 저항하고, 불교개혁을 주창하는 것은 중생교화의 실천이요, 불교대중화의 실천이었다. 이와 같은 정신은 아래의 만해 권두언에서도 찾을 수 있다.

자비慈悲인 동시에 대용맹大勇猛이라야 한다
인욕忍辱인 동시에 정진精進이라야 한다
아공我空인 동시에 유아독존唯我獨尊이라야 한다

-『불교』 97호, 1932. 7.

朝鮮佛敎代表人物投票當選發表

朝鮮佛敎代表人物投票開票光景

韓龍雲 四百二十二票
方漢巖 十八票
朴漢永 十三票
金泰洽 八票
李混[illegible] 六票
白龍城 四票
宋宗憲 三票
白性郁 三票
(三票以下略)

一等 曺鍾山 (全南順天郡仙岩寺)
二等 金容明 (慶南密陽郡表忠寺)
金中澤 (咸南洪原郡隱寂寺)
三等 鄭明煥 (慶南梁山郡通度寺)
金敬注 (中央佛敎專門學校)
姜高粉 (咸南安邊郡釋王寺)

만해가 조선불교의 대표 인물을 선정하는 투표에서 1등을 하였음을 전하는 공고(『불교』 93호, 1932. 3.)

자비, 대용맹, 인욕, 정진, 아공我空, 유아독존이 만해 정신이다. 이런 정신으로 만해는 줄기차게 밀고 나갔다.

우리는 만해의 불교사 시절의 뜻 깊은 사실을 『불교』지에서 확인한다. 『불교』 93호(1932. 3.)에 실린, '조선불교계 대표인물 투표 당선 발표'라는 광고다. 이 대표 인물의 선정이 어떤 과정을 거쳐 진행되었는가는 보도되지 않았다. 전체 477표 중 만해가 절대 다수인 422표를 얻었다. 선승으로 유명한 방한암은 18표, 강백의 대가인 박한영은 13표, 포교의 신에 김태흡은 8표, 대각교운동을 구현한 백용성은 4표, 중앙불전 학장인 송종헌은 3표, 불교청년운동의 핵심인 백성욱은 3표를 얻었다. 이러한 결과는 무엇을 말해주는가. 그것은 만해가 그 당시 불교계를 대표한 인물이었음을 말한다. 불교사 사장으로 이를 게재하였으며, 그 결과로 1등을 한 만해의 소감은 전하지 않는다. 그러나 우리는 여기에서 만해라는 인물의 위상을 다시금 생각한다. 만해가 이처럼 불교계의 대표 인물로 선정된 것과 유사한 사례가 또 하나 있다. 그것은 중앙불전의 학장으로 학생들이 만해를 추천하여, 1932년 5월 12일자로 총독부에 인가 신청을 한 것이다. 그 선정 과정은 알 수 없지만, 만해의 학장 취임은 성사되지 않았다. 만해 대신에 박한영이 그해 11월에 취임하였다. 만해의 위상을 짐작케 하는 단면이다.

한편 불교사 시절, 만해가 『불교』 96호(1932. 6.)부터 시조의 발굴을 진작하였던 것을 빼놓을 수는 없다.

> 내월來月 호부터는 본지本誌로 하여금 독자의 것으로 만들기 위한 제일보의 일단一端으로 독자 여러분의 생활과 심경을 읊은 시조時調를 엄선해서 싣기로 하겠습니다. 더욱이 불교 시조라고 이름 할 수 있을 만한 독자의 특징을 가지는 아름답고 깊은 맛이 있는 노래를 많이 보내 주시기 바랍니다.

위의 「독자 시조단 신설」에 보이듯 만해는 시조에 대한 사랑과 대중화를 실천하였다. 여기에서 김일엽이 『불교』지 문학담당 기자인 것, 그리고 조종현이 『불교』지에 문학 평론의 글을 기고하였음을 유의해야 한다.

만해는 『불교』의 발간을 통한 불교발전을 추구하였지만 그 활동은 오래가지 못하였다. 만해는 자신의 불교 개혁을 『불교』를 거점으로 추구하였지만 그의 뜻과는 달리 『불교』지는 만해가 사장으로 있을 때 휴간에 들어갔다. 이는 교단의 역할을 하였던 교무원이 불교사에 대한 지원을 해줄 수 없는 형편에서 나왔다. 그리고 교무원은 불교 행정체제를 비판하던 불교사의 책임자인 만해를 경계했다. 만해는 경영 독립을 추진하였지만 여의치 않자 교무원에 경영권을 넘겼다. 『불교』는 108호(1933. 7.)로 휴간에 들어갔다.

만해와 함께 『불교』를 편집한 허영호

그러자 만해는 불교사를 떠나 자신의 길로 돌아갔다. 그러나 만해가 뿌린 그 씨앗은 결코 헛되지 않았다. 4년 후 『불교』가 경남3본산(통도사, 범어사, 해인사)의 종무협회에 의해서 속간되었을 때, 편집을 맡았던 주체들은 만해의 언론 정신을 계승하였다. 속간 이후의 만해는 불교사 고문이었는데, 편집 책임자인 허영호는 범어사 3·1운동의 주역이었고 만해를 따르던 만당의 당원이었다. 따라서 속간 이후에도 만해의 『불교』에 대한 성격은 만해의 정신의 범주에 있었다. 『불교』는 속간 이후 일제의 외압, 미약한 지원에도 불구하고 신19집(1939. 1.)까지는 발간하였다. 허영호는 일제의 편집 간섭을 차단하려는 고육지책에서 『불교』 신18집 전체를 「원효기신론소」로 충당하였다. 일종의 저항이었다. 원효를 존경한 허영호의 제안일 가능성도 있다. 그러나 신19집의 내용에는 일제의 강요로 황국신민서사, 총후보국에 대해서, 황실의 번영을 축하한다는 글이 게재되었다. 그래서 만해와 허영호는 『불교』에서 손을 떼었다.

만해는 속간된 신20집(1940. 1.)에 「불교의 과거와 미래」을 기고하였는데, 여기에서 불교발전의 초석인 『불교』의 정상화를 강조하고 휴간을 막기 위한 재정의 독립을 강조하였다. 지금의 불교 언론도 만해의 치열한 분석, 비판, 자립정신을 배워야 한다.

심우장 철학, 대쪽 같은 지조는 지속되고

만해는 불교사를 떠났다. 만해는 불교사를 떠나 어디로 갔는가? 그곳은 서울 성북동 222번지에 있었던 그의 거처 심우장尋牛莊이었다. 그가 이곳에 집을 짓고 심우장이라는 이름을 붙인 것은 1934년이었다. 그러난 만해는 이곳에 오기 이전인 1930년 무렵부터는 서울 종로구 청진동, 사직동에 방을 얻어 지냈다. 홀로 살다보니 늘상 냉방에서 지냈다.

만해는 성격이 과격하고, 직선적이고, 다혈질이었다. 그가 열정적인 대중 강연을 하고 나면 강연 내용에 감동을 받은 청년들이 선학원으로 찾아와도 냉랭하게 대했다. 선학원 시절에도 대중 승려와 잘 어울릴 수 있는 체질이 아니어서 혼자 지냈다. 스님들에게 중놈, 중놈하고 욕하기 일쑤였다고 한다. 만해의 성향은 강직했기에, 타인에게는 차갑게 보였다. 만해의 재가 제자로서 만해 정신의 선양에 매진한 김관호의 회고는 사직동 시절을 말해준다.

만해의 후반기 삶(1933~1944)의 거처인 심우장(서울 성북구) 심우장은 민족운동의 성지였다.

내가 정인보 선생의 말씀을 들었는데 그 때 정선생의 말씀에 조선청년은 한용운을 배우라고 하셨지요. 그래 내가 야학당에 다니면서 아무 마음가짐도 준비하지 않은 채 만해 선생의 사직동으로 찾아 갔었답니다. 그런데 그분은 어찌 그렇게 냉랭하시고 사람을 반갑게 맞아들이지도 않고 무얼 물어도 자상한 대답은커녕 퉁명스럽기만 하셨지요. …… 그 분은 진지를 잡수지 못해서 혼자 냉방에 있으니 누가 밥을 할 사람도 없었지요.

-「만해가 남긴 일화」, 『한용운사상연구』 2, 1980.

만해는 사직동 냉돌방에서 치열하게, 조국과 민족을 위해 할 일이 무엇인가를 고뇌하였다.

"조선 땅덩어리가 하나의 감옥이다 그런데 어찌 불땐 방에서 편안히 살단 말인가" 만해는 차디찬 냉돌방에서 꼼짝없이, 흐트러짐이 없이, 꼿꼿하게 앉아 있었다. 어느새 만해는 '저울추'라는 별명이 붙었다. 학생들이 만해를 찾아와 피곤하여 쓰러지면 이불을 꺼내 덮어주고, 자신은 방의 윗목의 방석에 앉아 참선으로 밤을 지새우기가 일쑤였다.

만해의 재가제자인 김관호

만해를 추종하였던 조종현은 1931년 겨울, 청진동에 칩거하고 있는 만해를 찾아간 정황을 전한다. 조종현은 개운사에서 공부하면서, 불교청년활동을 하였는데 만당의 당원이었다.

만해를 따르던 시조시인 조종현(선암사)

> 선생의 거실에 들어서자마자, 이마가 설렁하고 냉기가 온몸을 엄습했었다. 나는 나도 모르는 사이에 몸이 옴칫했었다. 방안에는 책상 하나, 그 위에는 조선일보 한 장이 놓여 있을 뿐, 메모용지는커녕 펜대 한 개도 없었다. 책 한 권도 눈에 띄지 않고 말쑥했다. 벽에 꽂힌 못 한 개에는 선생의 두루마기가 걸려 있었고, 그 위에는 모자가 얹혔을 뿐, 방문객의 모자 하나 걸 못도 없었다. 앉을 방석은 말할 것도 없었다. 서화 병풍이며 장서가 많을 줄로 알았던 나의 생각은 완전히 뒤엎이고 말았었다. 나는 새삼 놀라지 않을 수 없었다. 참고도서 한 권 없이

어떻게, 어쩌면 그렇게 글을 쓸 수 있을까. 순간 내 머리는 번쩍했었다. '선생은 우박같이 머리에서 글이 쏟아지고, 샘솟듯 가슴에서 글이 솟는가 보다' '석가모니가 무슨 책이 있어서 49년간 설법을 했나!' 옳다! 선생은 사상의 원천을 발굴하고 확보했기 때문에, 입만 열면 폭포같이 열변이 쏟아지고, 펜대만 잡으면 구름일 듯 글이 부프는 것이 아닐까.

선생은 가사, 장삼, 발우 한 벌 없는 운수납자雲水衲子의 생활이다. 청초하고 쇄연한 생애였던 것이다. 학과 같은 모습에 구름 같은 살이여!

–「불교인으로서의 만해」, 『나라사랑』 2집, 1971.

이렇듯 만해는 처절한 고독 속에서 자신의 길을 묵묵히 갔다. 그 길은 대중교화이며, 민중과 함께 하는 길이었다. 그래서 만해의 불교개혁 노선을 따르던 이청담은 만해를 '고독한 수련 속의 구도자'라고 표현하였다. 번민과 탐구로 시시각각으로 여미어 온 수련의 고독이 만해의 생활에 짙게 깔려 있었다고 청담은 회고했다.

그러나 당시 식민지 현실은 만해가 그리는 방향과는 더욱 더 다른 곳으로 가고 있었다. 민족운동을 하던 지성인들도 지쳐가고, 변절도 했다. 그래서 만해는 고민하였다. 다음의 만해 한시는 그러한 심정을 대변한다.

번민	**自悶**
잠들면 잠든대로 꿈은 괴롭고	枕上夢何苦
깨면 달빛속에 끝없는 생각	月中思亦長
한 몸으로 이 두 적敵 어이 견디랴	一身受二敵

아침되니 어느덧 백발되었네 朝來鬢髮蒼

– 서정주, 『만해한용운 한시선집』, 예조각, 1981.

이제 만해도 50살을 넘겼다. 더욱이 식민통치의 강압, 승려들의 분열은 만해를 인간적으로 괴롭게 하였다. 또한 선학원에서 나와 홀로 살면서는 생활 자체도 비참하였다. 냉방과 식사의 부재 등이 그를 대변한다. 그의 생활은 주변 인물들에게도 괴로움이다. 만해의 거처가 불안함을 안 통도사의 김구하가 통도사로 내려와 눌러 있으라 하여 만해는 통도사의 안양암에 내려갔지만, 일제의 방해로 머물 수 없었다. 그때 만해는 통도사가 세운 보광중학교에서 특강을 하였다. 통도사를 떠날 때 마중을 나온 학인이, 통도사 입구의 큰 돌에 이름을 새기자고 제안하자, 만해는 거절했다.

"나는 만인의 가슴에 이름을 새기지 돌에는 새기지 않는다."

그래서 만해는 돌파구를 찾기로 결심하였거니와 그것은 결혼이었다. 그는 고향인 홍성에서 17살에 결혼을 하여 아들 하나를 두고 있었다. 그런 그가 55살이 되는 나이에 또 다시 결혼을 하였다. 그를 결혼이라고는 하지만 생활의 동반자를 구한 것이다. 최소한의 인간적인 삶, 하루 세 끼나마 정상적으로 먹을 수 있는 생활을 하고 싶다는 평범한 바램은 만해에게 없었는가. 그는 승려 결혼의 자유를 주장한 장본인이었다. 또한 1930년대 초반은 불교계 승려의 절반 이상이 가정을 꾸리면서 사는 것이 풍조였다. 만해는 자신의 주장을 실천하였다.

만해와 결혼을 하여 만해의 노년을 지켜준 여성은 누구인가. 그 여성

當代處士찾어
—2—
尋牛莊에 參禪하는
韓龍雲氏를 차저

심우장에서 참선하는 만해를 탐방한 기사. 『삼천리』 74호(1936. 6.)

은 보령 출신의 유숙원이었는데, 그는 서울 종로의 극장인 단성사 옆에 있었던 진성당 병원의 간호원으로 나이는 36세였다. 만해와 유숙원은 1933년 겨울, 서울 성북구 신흥사의 불상 앞에서 간단한 의식으로 부부의 연을 맺었다.

만해가 결혼을 하기 이전부터 만해의 주위에서는 사직동 냉돌방을 벗어나서 조그마한 집을 갖도록 권유하였다. 집도, 절도 없다는 저간의 말이 바로 만해의 경우에 해당되었다. 그래서 만해도 너무 지치고, 남들에게까지 피해를 주는 생활을 청산하겠다는 마음을 먹었다. 그래서 만해는 독신 수도를 정리하고 마땅한 사람이 있으면 결혼하겠다는 뜻을 주위 사람에게 전하였다. 재혼한 직후에는 성북동의 구석에 있는 초가집을 얻어 살았다. 『동아일보』 기자와 연고가 있는 집인데, 방이 둘인 허술한 집이었다. 이럴 때 마침, 만해를 찾아온 백양사의 승려인 김벽산이 초당을 지으려고 갖고 있었던 땅 52평을 만해에게 넘겨주었다. 이를 계기로 만해는 김벽산이 제공한 땅 52평을 인수하여 거처할 집을 마련하여 1935년에 입주하였으니 그것이 바로 심우장이었다. 심우장을 지을 때 유씨 부인은 기뻐서 밥을 해서 함지에 이고 산길을 오르내리는 등 손수 거들었다. 이로써 조선 기와집이 세워졌다.

그런데 만해는 심우장을 지을 때, 정남향으로 하지 않고 북향으로 하였다. 이는 남향을 하면 햇빛이 잘 들고 통풍도 좋지만, 그렇게 되면 매일 돌집(조선총독부 청사)을 바라볼 수 없다는 고집이었다. 심우장이 위치하고 있는 성북동은 지금은 도회지 한복판이 되었지만 당시로서는 서울 동대문 밖에서 한참 걸어가는 심산유곡이었다. 그 들판의 언덕에 소나무가 많이 있었던 곳에 만해가 살았다. 그는 이곳에서 마음의 안정을 찾고, 지친 심신을 추수르며 그가 할 일을 궁리하였다. 만해는 심우장에 정착하고, 마음을 붙이고, 정원에 가득한 꽃을 보며 물아일체를 느끼고 있었다.

심우장의 만해는 승려였지만, 승려라고 불리지 않았다. 비승비속非僧非俗의 거사居士이고, 혹은 처사處士였다. 점차 그를 부르는 호칭도 만해스님에서 만해선생으로 빠르게 변화되었다. 만해는 자신이 마련한 한옥에 심우장이라는 문패를 만들어서 붙였다. 심우장이라는 글씨는 근대기 서예 분야에서 이름이 높은 오세창이 썼다. 방에 걸린 무애자재無碍自在라는 글이 만해의 심성을 대변하였다. 만해는 심우장에서 참선, 독서, 집필, 대담을 하면서 자신의 길을 갔다. 그는 심우장에서 쓸쓸함이나 침울함을 전혀 느끼지 않고 삶을 재충전하였다.

그런데 '심우尋牛', 만해가 찾는 소는 무엇을 말하는 것이고, 그 소는 어디에 있는가. 만해가 심우라고 한 뜻은 무엇인가? 이에 대한 답변은 만해가 『불교』 신4집(1937. 6.)에 목부牧夫라는 필명으로 기고한 「심우장설」에서 찾을 수 있다. 그는 불교학도의 일인一人인 고로 초심구도初心求道의 뜻을 표하기 위해 자신의 거처를 그렇게 불렀다고 했다. 만해는 심우

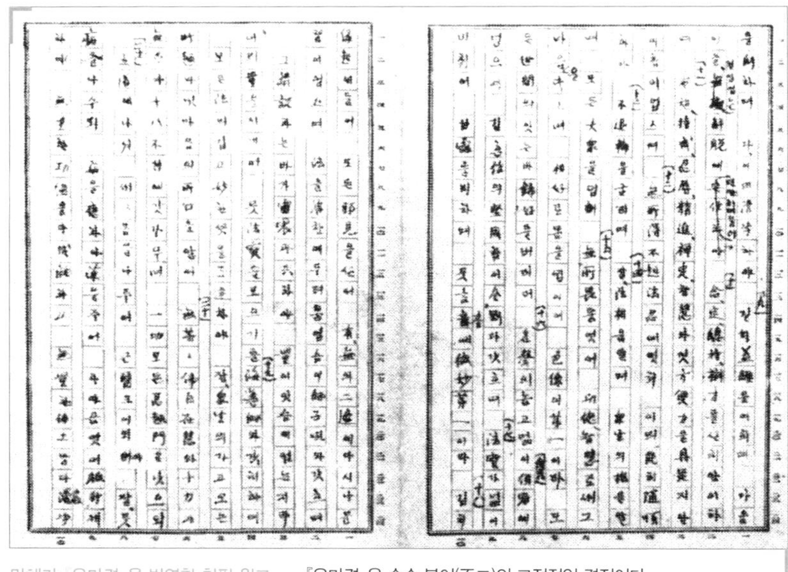

만해가 『유마경』을 번역한 친필 원고　『유마경』은 승속 불이(不二)의 고전적인 경전이다.

장에 거주하면서, 초심구도의 자세로 나라의 독립을 모색하였다. 일본 경찰이 인근 산에 상주하면서 늘 감시를 하였지만 만해는 괘념치 않았다.

만해가 심우장에 거처를 마련하였다는 소문이 퍼지자, 이곳을 찾는 사람들이 늘어갔다. 남녀노소 가릴 것 없이 사상가, 운동가, 문인, 학생, 승려, 불교신도 등 무척 다양하였다. 만해는 찾아오는 이들에게 필요한, 적절한 이야기를 자상하게 해주었다. 만해를 찾아온 지성인은 홍명희, 방응모, 김적음, 박광, 김기림, 정지용, 조지훈, 만공, 경봉 등이었다. 손님이 자주 오면 유숙원(만해의 부인)은 동대문 시장까지 걸어가서 장을 보아 대접하였다. 그는 바느질 솜씨가 좋아, 그 솜씨로 생계를 꾸리기도 했다.

만해는 심우장에서 안정을 취하면서 자신이 해야 할 일을 착수하였다. 그 중에서 시선을 끈 것은 『유마힐소설경維摩詰所說經』의 번역이었다. 이는 그가 재가승으로서 신분이 변한 것에 대한 정체성 자각의 산물이다. 『유마경』은 세속의 부처라고 불리는 유마와 문수보살과의 대담의 내용을 담은 대승경전이다. 이 경은 깨달음을 얻은 보살이 중생의 제도를 위해 진력해야 한다는 논지를 강조한다. 만해는 이 경을 번역하면서 자신을 유마로 생각하였을 것이다. 중생의 아픔을 나의 아픔으로 받아들이는 유마의 체질이 곧 만해였다. 만해는 이 경전 14품 중에서 6품까지 번역하였다. 만해는 유마로서, 보살로서 자신의 정체성을 자각하고, 그를 실행에 옮겼다. 그는 『유마경』에 자신을 투영하였다.

춘화春畵

따슨볕 등에 지고
유마경 읽노라니
어지럽게 나는 꽃이
글자를 가리운다
구태여 꽃밑 글자를
읽어 무삼 하리오

봄날이 고요키로
향을 피고 안젓드니
쌉쌀개 꿈을 꾸고

거미는 줄을 친다
어디서 꾸꿍이 소리
산을 넘어 오더라

-『나라사랑』 2집, 1971

만해는 이렇게 『유마경』 번역을 통해서 자신의 불교 사상적 지향을 향해 나갔다. 그가 『유마경』 번역을 완성하였다면 책으로 출간되어 수많은 승려와 대중들에게 큰 영향을 주었을 것이다.

만해는 심우장에서의 노년에도 후학, 청년, 대중들에 대한 기대를 결코 버리지 않았다. 그래서 항상 후학들을 경책하고, 치열하게 가르쳤다. 그를 따르던 불교청년 장도환은 심우장 시절의 만해를 다음과 같이 묘사하였다.

항시恒時 말씀하시기를 가든 길을 가거라. 새길이 나올 것이 없다. 길이라면 다 험한 것이요 걸어 보면 다 고달픈 것이다. 뒤로 돌아서는 길도 길인 까닭에 고달프고 고苦로운 것이니 이미 고달프고 고로운 것이라면 희미하나마 앞으로 가는 길을 걷고 가던 길을 가거라. 그것이 선생의 일생을 영도한 생활 사상 전부의 주조主潮였다. 선생께서 가르쳐 주신 말씀은 너무 많으나 다 쓸 수도 없지만은 지금도 연연戀戀한 것은 늘 비굴한 언사나 일어日語 쓰는 것을 제일 싫어하셨다. 그리고 또 나를 매장하도록 후인後人이 크라는 경구警句를 일상日常 주시었던 것이다.

-「만해한용운선생」, 『개벽』 특집(1946. 4.), 「3·1운동의 대표적 인물의 편모」

卷頭言

青年은 青年이다。青年은 幼年이아니오 老年이아니다。다시말하면 青年은 幼年보다 德、智、體(力)의 모든것이 發達되고 老年보다 强壯하다。그러므로 青年은 人生의 最盛期다。青年은 滿月이오 春水요 方裝의 砲臺다。人生의 最大果實은 青年期에 맷게되는것이다。青年은 스스로를 創造하고 社會를 創造하고 宇宙를 創造하고 其外 모든것을 創造하고 管理하는것이다。그러나 青年은 漠然히 自負하고 徒然히 깃버하는것은 아니다。스스로 힘쓰고 警戒하야 그 아름답은 目的을 達成하기 爲하야 虛心坦懷、慘憺經營、먼저 自己를 犧牲하지아니하면 아니되는것이다。이에 이르러 青年은 人生의 最盛期인 同時에 最難期가 되지아니하면 아니되는것이다。二重三重의 受難期에臨한 朝鮮佛教青年은 果然 그覺悟가如何? 스스로 힘쓰라。

萬 海

만해가 청년들의 현실극복의 정신을 강조한 기고문, 『불청운동』 7·8합호(1932. 10.)

해방된 직후에 기고된 장도환의 회고에서 만해의 진면목을 또 다시 만난다. 만해는 초지일관 한 마음, 한 뜻으로 갈 뿐이었다. 자신도 그렇게 가고 있지만, 자신을 따르던 청년들에게도 그 정신을 가르쳤다. 그러나 일제는 군국주의를 더욱 강화시키면서 만주침략, 중국침략 등 야욕을 동아시아 전체로 향하였다. 그럼에도 불구하고 만해는 일제가 전쟁을 하면 할수록, 승리가 잦아질수록 한국의 독립은 더욱 빠를 수 있다는 확신을 가졌다. 이에 관해서는 김용사 3·1운동을 주도한 민동선의 회고가 참고된다.

> 우연히 심우장에 몇 사람이 모여서 설왕설래 하던 중 누가 일본의 세력이 굳어가는 것을 걱정하였다. 선생은 이렇게 말하였다.
> "세상이 온통 얼어붙는 엄동설한을 당하였을 때에 화풍양난의 명년 봄이 올 것을 생각하여 보라!"
> 얼마나 고무적인가! 청년들의 머릿속에 부어주는 용기와 희망은 이러하였다.……
> 내가 기미년 직후에 서울에 와서 해방을 맞을 때까지 살아오는 동안에 많은 저명인사를 만나보았다. 일제 패망을 앞두고 조선민족의 글을 말살하고 성명을 뺏고 별별 악행을 다 퍼부어도 초지일관 언제든지 당당하게 의연하게 표연하게 살아가는 분은 오직 만해선생에 한할 뿐이었다.
>
> –「한용운선생 회상기」, 『불교계』 22호, 1967. 3.

초지일관, 이것이 만해정신이었다. 쩌렁쩌렁한 목소리로 술을 즐기면서 만해는 자신의 지조와 자존심을 지켰다. 어떤 어려움이 있어도 암울한 현실을 이겨낼 수 있다는 자신, 희망, 용기는 만해에게 체질화되었다.

문학,
민족정신을 구현하다

만해의 위대성과 전인적 면모는 문학에서도 분명하게 나타난다. 그는 단 한 권의 시집 『님의 침묵』을 펴냈지만, 그의 문학적 명성은 불멸의 금자탑이다. 그의 작가적 활동은 시, 소설, 한시, 시조, 산시, 수필 등 다방면에서 나타났다. 때문에 만해를 시인으로만 한정하여 그의 문학적 정체성을 가두는 것은 객관적인 평가가 아니다.

더욱이 그는 다양한 작가 활동을 하고, 뚜렷한 업적이 있었지만 제도권의 문학 교육은 일체 받지 않았다. 오직 그의 정신, 독서력, 정열이 그의 작가적 원천이었다. 그러면서도 그의 작가적 지향은 민족정신 구현이라는 시대적 정신의 갈망을 표출시켜 정신적인 문학의 표상이 되었던 것이다.

근대 문학사에서 만해의 위상, 성격은 지속적으로 접근되어야 하겠지만, 그의 작가적 지향은 근대적 충격으로만 설명될 수 있는 것은 아니다. 그가 다양한 글쓰기를 하였던 것, 그리고 다면적인 작가적 활동은 아마도 그의 10대 시절의 한학, 동양학을 익힌 인문학적인 기반에서 나왔을 것이다. 그러므로 신시, 자유시 혹은 최초의 시라는 개념에 의해서 만해 문학을 바라볼 것이 아니다. 만해는 근대적인 자유시를 쓰던 1918년 이전에 수많은 한시를 지었다. 1908년 일본 유학시절에도 12편의 한시를 지었으며, 안중근과 황현이 거사와 자결을 하였을 때에 그에 대한 감상을 한시로 남겼음을 유의해야 한다.

만해의 자유시에 대한 최초의 발표는 『유심』 창간호(1918. 9.)에 기고한 「心」이라고 보아야 할 것이다.

心

心은 心이니라
心만이 心이 아니라 非心도 心이니 心外에는 何物도 無하니라
生도 心이로 死도 心이니라
無窮花도 心이오 薔薇花도 心이니라
好漢도 心이오 賤丈夫도 心이니라
蜃樓도 心이오 空華도 心이니라
物質界도 心이오 無形界도 心이니라
空間도 心이오 時間도 心이니라
心이 生하면 萬有가 起하고 心이 息하면 一空도 無하니라
心은 無의 實在오 有의 眞空이니라
心은 人에게 淚도 與하고 笑도 與하나니라

心의 墟에는 天堂의 棟梁도 有하고 地獄의 基礎도 有하니라
心의 野에는 成功의 頌德碑도 立하고 退敗의 紀念品도 陳列하나니라
心은 自然戰爭의 總司令官이며 講和使니라
金剛山의 上峰에는 漁鰕의 化石이 有하고 大西洋의 海底에는 噴火口가 有하니라
心은 何時라도 何事何物에라도 心自體뿐이니라
心은 絕對며 自由며 萬能이니라

이렇게 만해는 심心을 통하여 우주만물을 노래하였다. 그 심은 단순히 불교의 마음으로만 볼 것은 결코 아니었다. 서양 문명과 서양에서 온 근대문학이 우리를 두드렸건만 만해는 동양적·불교적·대중적인 마음心으로 존재, 우주적인 가치를 피력하였다. 바로 여기에서도 유심唯心만이 있었다. 사상, 정신, 인문적인 자신감의 표출이었다. 만해는 이와 같은 문학적인 도전을 하면서, 『유심』을 펴내는 자신의 심정을 다음과 같이 표현하였다.

처음에 씀

배를 띄우는 흐르는 그 근원이 멀도다 송이 큰 꽃나무는 그 뿌리가 깊도다
가벼이 날리는 떨어진 입새야 가을 바람이 굳셈이랴 서리 아래에 푸르다고 구태여 묻지 마라 그 대竹의 가운데는 무슨 걸림도 없나니라
미美의 음音보다 묘妙한 소리 거친 물결에 돛대가 낫다 보냐 샛별 같은 너

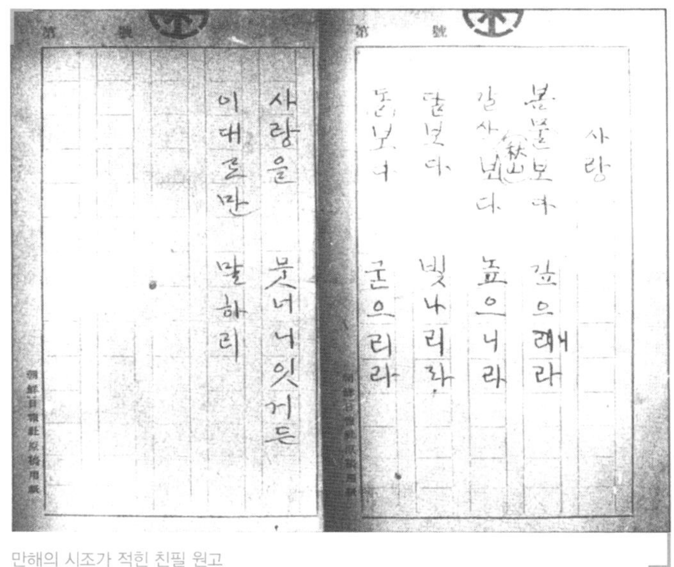
사랑
봄물보다 깊으리라
갈산보다 높으니라
달보다 빗나리라
돌보다 굳으리라
사랑을 뭇너니 잇거든
이대로만 말하리

만해의 시조가 적힌 친필 원고

의 눈으로 천만千萬의 장애를 타파하고 대양大洋에 도착하는 득의得意의 파

波를

보일리라 우주宇宙의 신비神秘 들일리라 만유萬有의 묘음妙音

가자 가자 사막도 아닌 빙해氷海도 아닌 우리의 고원故園 아니 가면 뉘라셔

보랴 한 송이 두송이 피는 매화

–『유심』 창간호, 1918. 9.

만해는 자유시를 처음 쓰는 도전적인 자세를 당당하게 표출하였다. 미지의 세계로 가는 신비성의 탐구를 두근거리는 마음으로 절묘하게 표

현했다. 그 절묘한 표현 능력이 바로 문학적 실력이었으며, 작가적 기질이었다.

만해의 인문학적인 사유는 『신청년』 창간호에서도 찾아 볼 수 있다. 만해는 창간사를 무기명으로 기고하였는데, 여기에서 만해는 자신을 지음知音의 고수鼓手라고 비유하고, 조선청년들의 역할을 한강 깊은 물의 발원, 눈 속의 매화라고 비유하면서 높이 평가했다.

> 방아머리 까치 저고리 앵두같은 어린 입술로 천진난만하게 부르는 너의 노래는 그 성파聲波가 얼마나 퍼지며 그 곡조가 음율에 마지라마는 지음知音의 고수鼓手는 두리둥두리둥 울리면서 자연의 음조에 맞는다고 흑암黑暗의 적막을 깨치는 무슨 노래의 초성初聲이라 하나니라. 한강의 깊은 물에 잠약질 하는 사람들아. 아느냐, 오대산 바위 틈에서 실낱 같이 흐르는 물의 근원을. 이러 하나니라. 너의 일도 이러 하고 나의 일도 이러 하며 마魔의 일도 님의 일도 왼갓 일이 이러하니라. 하늘에 가득한 바람과 눈 그 가운데서 피는 매화梅花. 용기勇氣인지 원력願力인지 자연의 천기天機인지 대우주의 율칙律則인지 무슨 비밀을 폭로하면서 너의 노래의 요구를 보답하리라.
>
> –『신청년』 창간호, 1919. 1. 20.

만해는 자신의 정신을 자유자재로 표출하였다. 당시 『신청년』 발간을 주도한 인물은 비밀결사체 경성청년구락부에 소속된 방정환, 유광열, 이중각 등이다. 만해는 민족정신을 불태우던 청년들을 이렇게 격려하였다. 만해는 청년들에 대한 애정을 운문, 산문을 가리지 않고 자유롭게 토해내었다. 때문에 만해에게서 신시, 자유시라는 개념은 그다지 중요하지 않았다.

만해의 작가적 기질은 3·1운동의 과정에서도 표출되었다. 감옥 안에서 「조선독립 감상의 대요」라고 불리는 장문의 선언서를 지은 것은 그 상징이었다. 그리고 감옥에서 한시를 지었음도 간과 할 수 없는 사실이다. 자신의 심성, 감성을 글로 표출함은 성실한 작가 정신이었다. 그의 민족정신은 감옥에서 쓴 한시에서도 찾아볼 수 있다. 만해의 옥중 한시는 13편에 달하는데 독립의지를 단적으로 전하는 한시가 대부분이다. 그 중에서 옥중에 있었던 동지가 먼저 출옥할 때 쓴 한시는 심금을 울린다.

떠나는 동지에게	**室中贈別**
하늘아래 만나기도 쉽지 않은데	天下逢未易
옥중의 이별 또한 별다르구나	獄中別亦奇
옛 맹세 아직도 식지 않았거니	舊盟猶未冷
국화철의 기약일랑 저버리지 말게나	莫負黃花期

–『삼천리』 창간호, 1929. 6.

식지 않은 옛 맹세, 국화철의 기약을 잊지 말자는 표현에서 독립투사의 기백이 느껴진다. 그리고 옥중에 있었던 어느 학생에게 준 한시에서도 만해의 독립정신이 생생하게 다가온다.

어느 학생에게 寄學生

치사스럽게 사는 것은 오히려 치욕이니, 瓦全生爲恥
옥같이 부서지면 죽어도 보람인 것을! 玉碎死亦佳
칼들어, 하늘 가린 가시나무를 베어 내고 滿天斬荊棘
휘파람 길게 부니, 달빛 또한 많구나. 長嘯月明多

-『한용운전집』 1권, 1973.

일제에 저항하다 부서지는 삶을 살지언정, 결코 타협하는 치욕의 삶을 살지 않겠다는 자신의 의지가 잘 드러난다. 그러나 만해에게도 3년에 걸친 수감생활은 괴로운 나날이었다. 끝없이 자신에게 되뇌는 자문자답, 변절하는 민족지사의 증가, 뼈와 살을 깎는 옥살이는 만해를 괴롭혔다. 만해도 착잡한 심정을 감출 수 없었다.

가을의 회한 秋懷

나라 위한 십년이 허망해지고 十年報國劍全空
겨우 한 몸 옥에 갇혔네 只許一身在獄中
기쁜 소식 안오고 벌레울음만 요란하니 捷使不來虫語急
몇 오리 흰 머리칼 가을 바람에 나부끼네 數莖白髮又秋風

-『한용운전집』 1권, 1973.

나라를 되찾기 위해 지난 10년간, 동서남북을 뛰어 다녔건만 그 결과로 옥중에 갇힌 자신을 바라보면서 많은 회한을 느꼈다. 스산한 가을바람은 불고, 늘어나는 흰머리를 보면서 만해도 인간적인 괴로움을 느꼈다. 정서조차도 조각조각 부서질 때가 있었다. 그러나 만해는 흔들리는 자신을 추스르면서 그가 일관하여 지향한 지조의 노선, 독립의 노선을 결코 후회하지는 않았다. 더욱이 옥중을 감옥으로만 보지 않고, 극락으로 수용했다.

만해는 감옥 생활을 긍정적으로 받아들이면서, 감옥 안에 있는 모든 것을 따듯한 시선으로 바라보았다. 감옥의 문과 창을 통해 감옥에 들어오는 햇살이 정겹게 다가왔다. 어느 가을날 밤, 만해는 철창 바깥에서 흘러 들어오는 달빛에 취하여 하늘을 바라보았다. 하늘에는 밝은 달이 떠 있었다. 그날 밤, 만해는 늦도록 달을 보면서 마음의 충동을 이기지 못하여 시 한 수를 읊었다.

무궁화 심으과저

달아 달아 밝은 달아
옛 나라에 비춘 달아
쇠창을 넘어와서
나의 마음 비춘 달아
계수나무 베어내고
무궁화를 심으과저.

달아 달아 밝은 달아
님의 거울 비춘 달아

쇠창을 넘어 와서
나의 품에 안긴 달아
사랑으로 도우고자.

달아 달아 밝은 달아
가이 없이 비친 달아
쇠창을 넘어 와서
나의 넋을 쏘는 달아
구름재를 넘어 가서
너의 빛을 따르고자.

–『개벽』 45호, 1924. 3.

감옥의 어둠에서 다가온 달을 보고, 만해는 그 달이 자신을 위로함을 느낀다. 그러면서도 동시에 달 속에 있는 계수나무 대신 무궁화를 심고 싶은 자신의 마음을 은근히 알린다. 만해는 그 어둠, 그 달빛 속에서도 겨레의 상징인 무궁화나무를 심고 싶다는 마음을 감추지 않았다. 그러면서 만해는 보편적인 진리와 나라의 독립을 함께 추구하겠다는 맹세를 하였다.

감옥에서 나온 만해는 1925년에 『님의 침묵』을 짓고, 1926년에는 출간하여 민족문학사에 결코 지울 수 없는 역사를 만들었다. 그는 당시 유행하던 동인지 모임에 가담하지도 않고, 오직 설악산의 오지에서 새로운 정신적 실험을 추구했다. 그 추구의 산물이 문학이라는 형식으로 나

그 人物의 心境打診

宗敎詩人 萬海 韓龍雲氏 (3)

R 記者

劇文化와 敎育

—社會人士에게 一言함—

'종교시인'으로서의 만해 근황을 보도한 기사(『조선일보』 1932. 2. 15.)

타났거니와 이런 도전, 모험, 열정을 무엇으로 설명할 것인가? 그것은 탐구, 도전으로만 설명될 수 있는 것이 아니다. 그는 문학적 소양, 자질, 정열이었다. 그러나 만해는 작가, 시인, 소설가가 되기 위해 쓴 것은 결코 아니었다.

만해가 작가적 기질을 마음껏 구사한 시기는 1930년대 전반기이다. 그 시절, 『불교』지의 사장을 역임하면서 문학적 도전의식으로 권두언에 자신의 시조, 산문시를 집중적으로 게재하였다. 시조는 우리 민족의 정서를 독창적으로 표현하는 장르다. 그런데 자유시, 신시로 인하여 퇴색되어 가는 시기에 즈음하여 만해가 집중적으로 우리의 정서가 흠뻑 담긴 시조, 산시散詩를 개척한 것은 주목하지 않을 수 없다. 만해는 1931년

7월(84·85합호)부터 1932년 5월(107호)까지의 기간에 집중적으로 시조, 산문시를 『불교』의 권두언에 기고하였다. 이 작품들은 전통 시조를 패러디한 것, 자연의 변화를 노래한 것이 주류였다. 비록 『님의 침묵』에서 보여주었던 창조적 표현과 시적 깊이는 나타나지 않았지만, 민족의식의 기조에서 시조와 산시를 내세운 것은 놀랍다. 여기에서 유려한 호흡으로, 리듬감 있게 불교적인 가치관을 보여주는 작품인 산문시를 소개한다.

스스로 움직이는 것은 산 것이오
스스로 움직이지 못하고 고요한 것은 죽은 것이다.
움직이면서 고요하고 고요하면서 움직이는 것은 제 생명生命을 제가 파지把持한 것이다.
움직임이 곧 고요함이요 고요함이 곧 움직임이 되는 것은 생사生死를 초월超越한 것이다.
움직임이 곧 고요함이요 고요함이 곧 움직임이어서 움직임과 고요함이 둘이 아니며 움직임은 곧 움직임이오 고요함은 고요함이어서 움직임과 고요함이 하나가 아닌 것은 생사生死에 자재自在한 것이다.

-『불교』 86호, 1931. 8.

만해는 여기에서 시상을 풀어내고 뒤집는 기법을 반복하면서 생사 자재라는 불교적인 사상을 자연스럽게 보여주었다. 이는 곧 궁극의 깨달음을 표현한 것이다. 이로써 만해는 불교사상, 선수행에서 제시되는 불이적不二的 가치관을 선시로 표출하였기에, 저절로 선시禪詩의 중심부에서 있었다. 그래서 만해 시는 선시의 관점에서도 재해석되어야 한다.

만해 문학 공간의 최종적인 기착지는 심우장이었다. 심우장은 만해가 1934년부터 입적하는 그날까지 거주하였던 공간이었다. 서울의 외곽이었던 성북의 외진 산 구석에 위치한 그곳에서 만해는 노년의 피곤, 울적함, 좌절을 녹여 내면서 문학적 깊이를 더해 갔다. 그는 참선, 독서, 화초 키우기, 산보 등을 하면서 문학적 활동을 지속하였다. 피 끓는 청년 시절도 아니건만 50대 후반, 60대 초반 시절인 그때에도 시조, 산시 등을 쓰면서 문학적 도전을 지속하였다. 산시散詩는 심우장에서, 1936년의 『조선일보』에 집중적으로 게재되었는데 「산거」, 「산골물」, 「일출」 등 생활 속에서 나온 다양한 소재로 한 작품들이다. 추후에는 산시의 개념에 대한 새로운 접근이 요망된다.

심우장 시절의 만해 문학적 행보에서 주목되는 것은 소설의 집필이다. 이는 그가 생활의 안정이라는 환경과 『조선일보』의 사장인 방응모와의 각별한 관계에서 나왔다. 만해와 방응모가 친하게 지낸 것은 소설, 『임꺽정』의 작가인 홍명희와 만해와 친근하게 지낸 것에서 비롯되었다. 홍명희는 『조선일보』에 「임거정전」과 「화적 임거정」을 연재하였기에 방응모와 친근하게 지냈는데, 홍명희가 만해를 방응모에게 소개시켰다. 세 사람은 함께 대화를 하고, 교외로 바람을 쏘이러 가고, 술도 먹기도 하였다. 홍명희는 "내가 알기로는 조선 7천 승려를 다 모아도 만해 하나가 안 된다"고 말하였다. 홍명희는 경술국치 당시 자결한 금산군수 홍범식의 아들인데, 그는 8·15해방 공간에서는 김구, 김일성, 김규식과 4김 회담을 하러 북한으로 갔다. 그러나 남하하지 않고 북한에 머물며, 부수

黑風【1】

韓龍雲 作
金熊超 畵

지주와소작인(1)

지난 겨울의 하늘에 가득한 바람과 눈은 포학한 인간처럼 사나운[illegible] 도[illegible]서 처지만 물[illegible]일듯 하얏지마는 마[illegible]는 그러치못하얏다 제[illegible]회롤[illegible]시들고잇든 태양은점점 지구에가까워지고 어대인지 숨어잇든 [illegible]한 봄기운은 바야흐로 퍼지기 시작하얏다 강위의 어름푸는 소리는 잠긴고기를 [illegible]내고 터저나오는 [illegible]과 나무의 싹들은 희잔한눈을 뜰는다

그리하야 다정스런 봄은 항주서호(杭州西湖)가의 조고마한 농촌에도 왓든것이다 논드렁에는 죽과 소리쟁이가 소복소복 푸르럿고 밧가에는 나생이와 말맹이가 한치가량이나 자랏다 가난한 녀자들은 파리한 얼굴에 때무든 옷을 입은채로 [illegible]

슈가 왕한이가돈을 버려서부처나 어느새 돈을 벌수가 잇다고」

편지를 바다가지고 피봉을 압뒤로 뒤처보면서 안마당으로 드러가는 순보는 혼저말로 이러케 말하얏다

방에 안저서 돈보기 아경을 쓰고 바누질을 하든 순보의 마누라는 문을 열고 안경넘어로 내다보면서

「누가 돈을 보낼 사람이 잇것소 왕한이가 돈을 버려서 부친것이지 어서 떼어보시오」

하고 반가운듯이 떼어보기를 재촉하얏다

「내가 떼보면 아나 저건너서 、당이로 가지고가서 보아달라고 해야지」

、하는 순보는 드러오라는 거[illegible]을 [illegible]려서 문밧그로 나간다 순보마누라는 순보의 나가는뒤모양을 보다가

「에구 무식한것도 걱정이야」

만해가 『조선일보』에 연재한 소설 「흑풍」(1935. 4. 9.)

상까지 역임했다. 그는 8·15해방 공간에서 좌우합작이 지지부진하자 만해가 살아있었다면 해결하였을 것이라는 말을 남겼다.

홍명희와 만해의 친근한 요인이 만해가 소설, 「흑풍」을 『조선일보』에 연재(1935. 4. 9.~1936. 2. 4.)할 수 있게 하였다. 연재 시작하기 하루 전인 1936년 4월 8일의 『조선일보』는 「흑풍」 연재 공고를 하였다. 그 내용에 의하면 "만해는 가장 존경을 받는 선진자로, 가장 널리 명성을 올린 선배"라는 평판이 있었다고 한다. 『조선일보』는 만해의 고결한 인격이 소설에 반영될 것을 예상하고, 독자들에게도 특별한 소설이 될 것이라는 전제하에 신문 연재를 보아달라고 광고하였다. 만해도 광고가 게재된 그날에 연재를 하는 자신의 심정을 「작자의 말」로 기고하였다.

나는 소설을 쓸 소질이 있는 사람도 아니오. 또 나는 소설가가 되고 싶어

애쓰는 사람도 아니올시다. 왜 그러면 소설을 쓰느냐고 반박하실지도 모르나 지금 이 자리에서 그 동기까지를 설명하려고는 않습니다. 하옇든 나의 이 소설에는 문장이 유창한 것도 아니오. 묘사가 훌륭한 것도 아니오. 또는 그 이외에라도 다른 특징이 있을 것도 아닙니다. 오직 나로서 평소부터 여러분께 대하여 한번 알리었으면 하던 그것을 알리게 된데 지나지 않습니다. ……

변변치 못한 글을 드리는 것은 미안하오나 이 기회에 여러분과 친하게 되는 것은 한 없이 즐거운 일입니다. 많은 결점과 단처를 모두 다 눌러 보시고 글 속에 숨은 나의 마음씨까지를 읽어 주신다면 그 이상의 다행이 없겠습니다.

만해는 자신이 소설가가 되고 싶지도 않고, 문장에 자신이 있는 것도 아니라 했다. 그가 소설을 통해서 알리려는 것은 인간사회의 희로애락을 통한 인간생활의 진면목이었다. 만해가 연재한 소설은 독자들의 큰 호응을 받아, 서울 장안의 화제였다. 그 인기로 『조선일보』의 부수도 6천 부가 증가하였다. 그런데 만해가 고백한 '글속에 숨은 나의 마음씨'는 진정 무엇을 말하는 것인가? 자주 독립정신의 고취, 전통적 정신과 새로운 가치관의 재정립이 아닐까 한다.

만해의 소설은 「흑풍」 이외에도 『조선중앙일보』에 1936년에 연재한 「후회」가 있다. 신문에서는 연재 직전에 "현대 조선의 역사상 커다른 발자취를 뚜렷하게 새기여 누구를 말할 것 없이 선배로써 경모하는 한용운씨가 수년래로 깊이 감추었던 제재를 가지고 필생의 노력을 다할 것"

이라고 소개하였다. 이 작품은 개화기 시절 젊은 세 사람의 애정행각을 그렸는데, 『조선중앙일보』가 폐간되어, 55회(1936. 6. 27.~9. 4.)만 연재하였기에 작품은 완성시키지 못하였다.

『조선일보』에 연재한 또 하나의 소설은 「박명薄命」이다. 「박명」은 『조선일보』에 1938년 5월 18일부터 1939년 3월 12일까지 연재되었다. 만해가 이 소설에서 그리려는 초점은 인간의 고귀한 마음, 초심·일관성의 지속이다. 자신을 희생하면서도 초심을 유지하려는 마음을 그리겠다는 것이 만해의 집필 배경이다. 역설적으로 당시에는 그러한 마음이 사라져 가기에 만해는 그것을 안타까워하였음을 알 수 있다. 당시 『조선일보』는 만해의 장편소설, 「박명」을 광고하면서 만해는 '시단의 높은 존재'라고 했다. 그리고 「흑풍」을 연재하였을 때 독자의 가슴을 뒤흔들던 기억을 환기시키며, 「흑풍」 연재가 종료된 이후 심우장에 칩거하며 작품 구상에 전념하였다고 소개하였다.

만해의 소설 내용을 전체적으로 살펴보면 현실에 뿌리를 둔 대중성이었다. 그리고 그가 신문의 연재소설을 주로 하였음에서는 대중성, 사회성을 유의하였음을 엿볼 수 있다. 만해의 이와 같은 대중성에 기초한 글쓰기는 그의 문학적 관점, 소신에서 나온 것이었다. 그는 서양문화의 영향을 받은 근대적인 시와 소설만을 문학이라고 보지 않았다.

> 문학이라는 것은 문자로 구성된 모든 것을 이름이다. 문자를 연결 혹은 나열할지라도 의의를 구성하지 못하고 한갓 단자單字만을 함부로 집합한 것은 물론 문학이 아니나, 모든 사물이 언어로 할 수 있는 과정을 거쳐서

문자로 표현되는 것, 곧 자기의 무엇이든지 문자로 나타내어서 독자가 이해할 수 있게 하는 것은 다 문학이다.

다시 말하면 문리文理가 있는 문자로의 구성은 다 문학이다.

그러므로 종교, 철학, 과학, 경사經史, 자전自專, 시, 소설, 백가어百家語 등 내지 심상각훤尋常覺暄의 서한문書翰文까지라도 장단, 우열을 물론하고 문학에 속하는 것이다. ……

만일 일반 문학을 통괄할 만한 관사가 따로 있다면 시, 소설, 희곡, 평론 등 문예만을 문학이라고 한다해도 불가할 것이 없지마는, 그렇지 아니하고 「문학」이라는 술어가 문자적 기록의 전반을 대표한 이상, 문학 즉 문예라고 볼 수는 없는 일이요, 또 시, 소설, 극본 등에 대해서는 「문예」라는 대표 명사가 붙어 있지 않은가? 그러면 시, 소설, 극본 등 예술적 작품은 문학의 일부분이 되는 것이다.

그리하여 문예는 문학이지마는 문학은 문예만이 아니다. 문예만을 문학이라고 하는 것은 꽃 피고 새 우는 것만이 봄이라고 하는 것과 마찬가지다.

– 심우장만필, 「문예소언」, 1936. 3.

만해는 문학의 개념을 광범위하게 잡음으로써 그의 문학성은 대중적인 성격을 갖게 되고 서양성에 매몰되지 않았던 것이다.

만해는 1936년 10월, 삼천리사가 주최한 장편 작가회의에서도 "시대와 세상을 먼저 그려내는 것이 순서"라고 말했다. 그는 특히 소설은 시대와 현실을 우선적으로 그려내야 한다는 입장을 가졌다. 시대와 세상은 무엇인가, 곧 대중·민족이라고 이해된다. 여기에서 보이듯 만해 문

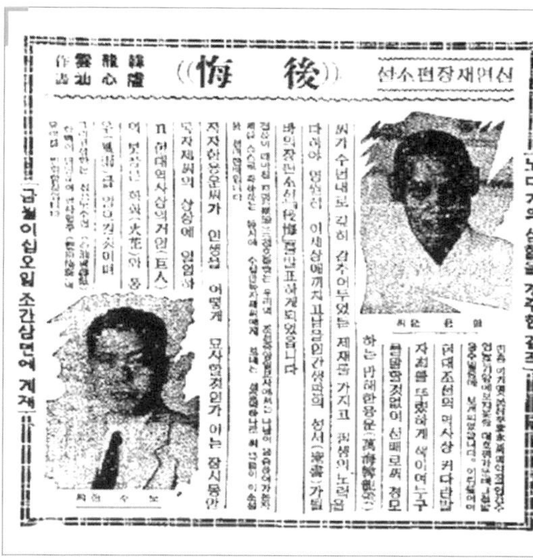

신연재장편소설

後悔

韓龍雲 作

노대가의 심혈을 경주한 걸작

금월이십오일 조간삼면에 게재

만해의 소설, 『후회』의 사전 광고문
(『조선중앙일보』 1936. 6. 25.)

長篇小說

薄命

地方來十九日夕刊八面에
市內來十八日朝刊四面에

休火山의 鳴動

黑風以來의 沈默을 깨치고 萬海韓龍雲氏가 뿜는 噴火

作者의 말

揮毫는 斯界의 巨匠

鄭玄雄畵伯

만해의 장편 소설인 『박명』의
『조선일보』 사고(1938. 5. 15.)

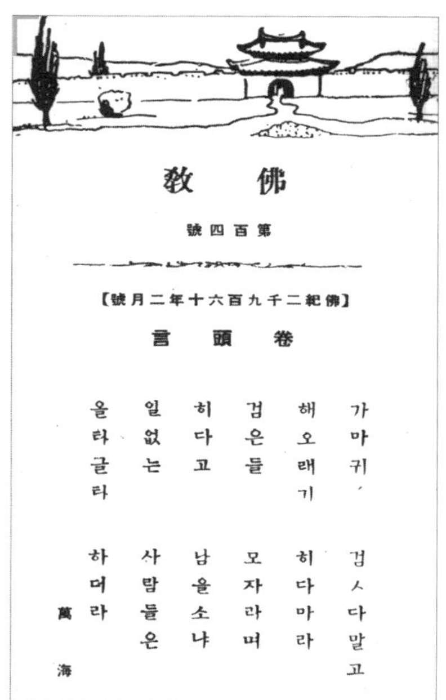

佛敎

第百四號

【佛紀二千九百六十年二月號】

卷頭言

가마귀,
해오래기
검은들
히다고
일없는
올타글타

검ㅅ다말고
히다마라
모자라며
남을소냐
사람들은
하더라

萬海

『불교』 104호(1933. 2.)의 권두언으로 게재된 만해의 시조

학의 코드는 대중성·통속성·민족성이다. 이런 바탕에서 만해 문학은 기록성·교훈성의 사실주의 성격이었다. 만해는 말년의 심우장 시절에도 시조, 산시를 쓰면서 소설이라는 새로운 영역을 개척하였지만, 그 흐름의 밑바닥에는 자신이 일관되게 밀고 왔던 민족정신이 계속 강조되었음을 결코 간과할 수는 없다.

만해 문학의 가치는 지금은 대단한 평가를 받지만 만해가 살았던 그 시절 반응은 무덤덤했다. 그래도 일정한 관심을 피력한 사람이 있었다. 조종현은 『불교』 103호(1933. 1.)의 「시가詩歌 총평」에서 만해를 종교는 석가모니, 사상은 간디, 시는 타골이라고 적시했다. 그리고 양주동은 『동광』 9호(1927. 1.)에 기고한 평론에서 시단 밖의 인물이 펴낸 시집으로서의 『님의 침묵』을 흥미롭게 보았다. 또한 노자영은 『삼천리』 6권 5호(1934. 5.)가 100년 갈 명작을 적어내라는 설문에 억지라도 써낸다면 전제하에 만해의 『님의 침묵』을 꼽았다. 만해는 그 당대 불교를 대표하는 인물로는 최우선적으로 지목되었다. 『동광』 29호(1931. 12.)에 나온 '동서고금인물좌담회'의 내용에 불교의 인물은 만해라는 결론을 참고할 수 있기 때문이다. 그렇지만 문학은 그렇지 못했다. 그러나 세계적인 문호, 작가도 살아생전에 그런 평가, 대우를 받지 못한 경우도 많다.

하여간 만해 문학의 재평가는 지금도, 후일도 지속될 것이다. 왜냐하면 우리 민족사상을 영양분으로 문학을 하였고 그 성과를 우리 모두가 나누어 가졌기 때문이다.

민족의 자존심,
매화의 내음은 여전하고

만해는 심우장에서 참선을 하고, 집필 활동을 하며, 민족의 미래에 희망을 키워갔다. 그러나 일제의 식민통치는 더욱 더 옥죄어 왔다. 일제는 동양 전체를 그들의 손아귀에 두려는 침략전쟁을 지속하였을 뿐만 아니라 독일, 이탈리아와 연합하여 제2차 세계대전을 도발하였다. 이런 정세의 변화에 따라 한국은 일제의 병참기지화 및 전쟁물자 보급지로 활용될 수밖에 없었다. 강제 징용, 강제 징병, 정신대 강제동원, 전쟁물자 강탈 등이 자행되었다. 더욱이 일제는 효율적인 식민통치와 저항을 무마하기 위한 정신적인 동화정책을 쓰고 있었다. 이 구도에서 우리말의 사용 금지, 창씨개명을 통해 한국의 얼과 혼을 빼앗는 정책을 구사하였다. 이런 조치는 곧, 한국 민족의 소멸을 의미했다. 때문에 식민통치 막바지 시절은 매서운 겨울 추위로 비유된다. 만해의 심우장도 늘상 감시를 당하였다.

만해는 이런 시절에 서울의 외곽 들판에서 홀로 서 있었다. 그 시절, 만해는 자신의 심성을 다음과 같이 노래하였다.

심우장

잃은 소 없건마는
찾을 손 우습도다
만일 잃을 씨 분명타 하면
찾은들 지닐소냐
차라리 찾지 말면
또 잃지나 않으리라

–『불교』 신제9집, 1937. 12.

만해는 여기에서 소牛를 잃지 않았다고 했다. 그리고 소를 잃지 않으면, 소를 찾을 이유도 없다고 강조한다. 그러면 만해가 말하는 소는 무엇인가. 여기에서 찾는 소는 민족, 님, 겨레로 볼 수 있다. 일본에게 나라를 빼앗겼고, 일제는 우리 민족마저 없애버리려는 만행을 자행하고 있었지만 만해는 '소'로 표현된 겨레의 굳건함을 믿었다.

만해는 나라의 해방과 일제의 패망을 굳게 믿었지만 민족의 지성이라 불리는 인물들이 일제의 회유책에 넘어가는 것에 가슴이 아팠다. 일부 지사는 친일파로 전락하여 민족을 배반하였다. 지조와 일관성을 강조한 만해는 그를 이해할 수 없었다. 대중과 중생이 괴로움을 당하면 지도자와 지성인은 그를 괴로워하고, 그 해결을 위해 나서는 것이 당연한 것으로 여기는 만해로서는 납득할 수 없었다.

3·1독립선언서를 쓴 육당 최남선은 문장과 학식을 자랑하던 당시 최고의 지식인이었다. 그러나 그는 변절하여 중추원 참의도 지내고, 만주대학의 교수로 가서 사람들의 입방아에 올려진 인물이다. 한 번은 최남선이 길에서 만해를 만나, 인사를 하였다. 그러나 만해는 정색을 하면서 "내가 아는 최남선은 벌써 죽어서 장사지냈다"고 하면서 뒤도 돌아보지 않고 가버렸다. 그리고 만해는 최남선이 죽었다는 부고를 만들어 지방으로 보내고, 당사자인 최남선에게는 장문의 조문을 보냈다.

창씨개명이 본격화되자 최린, 윤치호, 이광수 등도 그 대열에 합류하였다. 홍명희가 심우장으로 와서 대단히 격분하여 말했다.

"이런 개자식들 때문에 민족의 악영향이 클 것이니 청년들을 어떻게 지도한다 말인가?"

이 말을 들은 만해는 기가 차듯이 웃으며 말했다.

"벽초 그 말은 실언인데, 만일 개가 이 자리에 있어 능히 말을 한다면 당신에게 크게 항쟁할 것이요. '나는 주인을 알고 충성하는 동물인데 어찌 주인을 모르고 저버리는 인간들에게 비유하느냐'고 말이요. 그러니 개보다 못한 자식을 개자식이라 하면 개를 모욕하는 것이오."

주위에 있던 사람들이 고개를 끄덕였다.

만해와 3·1운동을 함께 주도하였던 최린은 만해와 끈끈한 우정을 갖고 지냈다. 그런데 최린마저 일제의 회유에 넘어가 친일의 무대에 발을 들여 놓았다. 중추원 참의를 수락하고, 친일단체인 시중회時中會의 회장으로 취임하여 일제의 침략 논리인 대동아공영권을 떠들고 다녔다. 최린은 미안함을 느껴 간혹 만해를 만나려고 심우장에 들르곤 하였다. 그가 오면 만해는 외면하고 만나주지를 않았다. 어느 날 만해가 없을 때 그의 딸인 영숙에게 거액인 20원의 지폐를 주고 가버렸다. 만해는 그 사실을 알고 즉시 돈을 갖고 최린의 집 명륜동으로 찾아가서 그 돈을 최린의 집 대문 틈으로 던지고 돌아왔다.

2·8독립선언의 주역이고, 「유정」, 「무정」의 소설을 통하여 이름을 날리던 춘원 이광수도 심우장에 찾아왔다. 이광수도 변절한 이후, 일본식 군인 복장을 하고 찾아왔다. 만해는 찾아온 사람이 이광수라는 것을 알고는 큰 소리로 꾸짖었다.

"네 이놈, 보기 싫다. 다시는 내 눈 앞에 나타나지 말아라"

이광수는 자기가 창씨개명한 사정을 변명하려고 왔지만, 만해의 기세에 눌려 말도 못하고 돌아갔다.

심우장에 들른 승려 중에는 통도사 주지를 역임한 구하와 경봉이 있었다. 경봉은 학인 시절 만해에게 『화엄경』을 배웠는데, 중견 승려가 되면서는 나이를 떠나 친근하게 지냈다. 만해와 경봉 간에 오고간 편지가 몇 편 있다. 이들이 심우장에 들리면 만해는 내놓은 반찬이 시원찮아 미안한 마음을 전했다.

"내가 한 생각을 고쳐먹으면 진수성찬을 차릴 수 있는데 미안하다."

김구하는 중앙불전에 다니는 통도사 학승 김용호를 통하여 만해의 활동 자금을 전달하기도 했다.

당시의 만해는 생활도 빈곤하고, 생활비라야 원고료에서 나오는 것이 대부분이었다. 주위 사람들의 도움과 부인의 바느질 수입으로 겨우 이

만해의 유묵(전대법륜) 만해의 진리에 대한 투철한 의지를 엿볼 수 있다.

어나가는 형편이었다. 때문에 일제도 만해의 이런 사정을 잘 알고 있었기에 만해에게도 유혹의 손길이 왔다. 심우장에 어떤 청년이 보따리 하나를 들고 찾아왔다. 청년은 부드러운 얼굴로 그 보따리를 만해의 앞에 내놓으며 살림에 보태 쓰라고 하였다. 만해는 고맙다고 말하면서, '대체 이 돈은 누가 보내는 것인가'를 물어 보았다. 그러자 그 청년은 얼굴이 굳어지면서 총독부 심부름으로 왔다는 자초지종을 말하였다. 그 순간 만해는 얼굴이 붉어지고 갑자기 청년의 뺨을 후려치며 소리쳤다.

"이 놈, 젊은 놈이 그따위 시시한 심부름이나 하고 다녀! 당장 나가!"

그 청년은 아무 말도 못하고, 심한 부끄러움을 느끼면서 심우장에서 도망쳐 나왔다.

총독부 기관지인 『매일신보』의 기자가 찾아 왔다. 그 용건은 학병 출정을 독려하는 만해의 글을 부탁하는 것이었다. 만해는 그 제의를 단연코 거절하였다. 그랬더니, 기자는 말씀만 하면 원고 작성은 자기가 하겠다고 하였다. 만해는 그 제의를 받아줄 수 없었다. 그러자 기자는 만해에게 사인만이라도 해달라고 간청을 하면서, 만해의 사진을 찍으려고 카메라를 들었다. 그 순간 만해는 노한 얼굴을 띠며 카메라를 집어서 내던져 버렸다.

만해는 재혼으로 얻은 딸, 영숙을 기르고 있었다. 그러나 학교에는 보내지 않고, 집에서 한문만을 가르치고 있었다. 영숙이가 만해에게 신문에 난 일본 글자를 보고는 물었다. 이런 글자가 무엇이냐고, 그러자 만해는 답하기를 "응, 그건 몰라도 된다. 그건 글자가 아니야"라 하였다. 만해는 무호적의 상태이라 영숙은 학교에 갈 수도 없었고, 보내지도 않았다.

이렇듯 만해는 일제, 식민통치를 철저히 부정하고 자신만의 길을 가고 있었다. 그러나 일제의 간교한 회유는 지속되었다. 당시 내로라하는 지식인, 교수, 지성인, 문학인들은 상당수가 친일, 협조의 대열로 가고 있었다. 징용, 징병, 정신대에 나가는 것이 민족을 살리는 길이라는 명분하에 일제의 내몰림에 이용당하였다. 일부 인사만이 자기 고향에서, 산골에서 숨어 지내고, 붓을 꺾고, 배고픔을 참으며 버티고 있었다. 총독부에 근무하던 한국인으로 김대우라는 관리가 있었다. 김대우는 만해를 위한다는 심정으로 자신이 직접 심우장에 찾아와 협조해달라는 간청을 하고, 만해에게는 한번만 협조만 하면 된다는 말도 하고, 거절하면 총독부의 지시로 만해에게 피해가 갈 수 있다고 하였다. 그러자 만해는 크게 화를 내며 말하면서, 자신의 양심을 분명히 하였다.

이놈아 말 들어라. 사람으로 세상에 낳으면 사람 노릇 해야 한다. 사람의 도는 정의와 양심이다. 너희 같은 놈들은 신상위험은 고사하고 조금만 이利하면 양심에 부끄럼도 모르고 짐승의 짓도 하지마는 나는 정의가 생명이라 위험을 겁내지 않고 못할 짓은 죽어도 못한다. 너도 조선 놈으로 한껏 양심은 있을 것이다. 다시 말하지 말고 어서 가서 네 아비 총독 놈에게 너를 욕했다고 나를 잡아다가 죽이자고 하여라.

– 김관호, 「심우장견문기」 1981.

이렇게 엄숙히 이야기 하는 것을 본 김대우는 더 이상 아무 말도 못하고 돌아갔다. 혹자는 만해가 김대우의 뺨을 때리고, 침을 뱉으면서 쫓아냈다고 한다. 그 후 김대우는 총독부에 가서 만해는 노약한 병자가 되었으니 협조 대상에서 제외하자고 주장하였다고 한다. 만해는 자기의 소신을 과감하게 밀고 나갔다. 그의 생활신조는 『신동아』 15호(1933. 1. 1.)에 소개된 「나의 처세훈」에 극명하게 나온다.

1. 피동被動으로 목적을 변경치 말라
2. 허위虛僞는 인격을 자멸하는 것이다
3. 과언寡言은 웅변보다 위대하다

만해는 이 처세훈에 입각하여 그가 마땅히 할 일을 하였다. 자기 옳다고 하면, 어떤 난관을 무릅쓰고 추진하였다. 이를 대변하여 주는 사례는 일송 김동삼의 장례식의 거행이었다. 김동삼은 만주의 호랑이로 불린 만주 지역 독립군의 지도자였다. 그는 안동출신으로 고향에서 개화운동을 하다, 나라가 망하자 만주로 넘어가 군사훈련을 하면서 독립항쟁에 나섰다. 3·1운동 이후에는 만주의 군정부를 조직하고, 독립운동 단체의 총 단결을 위해 헌신하였다. 그러나 1931년 만주 하얼빈에서 일제에 체포되어, 15년 형을 구형받고 감옥에 수감되었다. 만해는 그를 1912년 만주를 시찰할 때에 만나서 대화를 하였기에 그의 인격과 풍모는 잘 알고 있었다. 그런데 김동삼이 일제에 체포되어 형무소에 수감 도중 고문의 후유증으로 1937년 3월, 옥중에서 서거하였다. 만해는 김동삼이 서거하였다는 소식을 듣고, 서대문형무소를 찾아가서 시체를 내어 달라고 요청하였다. 만해는 그 유해를 받아 심우장으로 옮기고 5일장의 장례를 치르고 3월 8일에 영결식을 치렀다. 그때 조문한 인물은 20여 명이었는데 홍명희, 방응모, 이극로, 이인, 박광, 김적음, 양근환, 허헌, 허영호, 박고봉, 조헌영, 여운형, 조지훈 등이었다.

만주 독립군의 지도자인 김동삼
만해는 김동삼의 장례를 심우장에서 치루었다.

만해가 김동삼의 장례식을 치르던 정황은 조지훈의 회고에서 찾아볼 수 있다. 조지훈은 만해를 혁명가, 선승, 시인의 일체화로 본 학자였다. 그는 어린 시절 간도로 이주를 갔다가 고향으로 돌아온 노인으로부터 만주에서 총에 맞은 사람을 구해준 일이 있었는데 그 사람이 만해라는 이야기를 들었다. 그리고 그의 할아버지(조인석)와 아버지(조헌영)에게

만해사상의 연구, 계승에 진력한 조지훈

서도 만해의 행적을 들었으며, 『님의 침묵』과 「흑풍」을 소년시절에 읽고 감격한 이력이 있었다. 조지훈은 아버지를 따라 심우장에 왕래하면서 만해의 고매한 모습에 인상이 깊어 개인적으로 심우장에 왕래를 했다. 그는 우연히 김동삼 장례식에 참여하였다.

나의 혼돈된 기억이 그 어느 때인지를 헤아릴 수 없으나 선생을 마지막 뵈온 것은 일송 김동삼선생이 서대문 감옥에서 옥사하셨을 때인지라 일송선생의 시신을 돌볼 사람이 없어 감옥 구내에 버려둔 것을 선생이 망명시절 고인에게 받은 권우眷遇와 지사 선배에 대한 의리에서 쾌연히 일어나 성북동 꼭대기 심우장까지 일송선생의 관을 옮겨다 놓고 장사를 치루시던 무렵이다.

그때 내 마침 서울에 친지 왔다가 이 소식을 듣고 심우장에 나아가 일송선생의 영전에 뵙고 장사 날까지 머물러 있다가 물러 나온 것이 선생의 모습을 뵈온 마지막 인연이 되었다.

일송 선생의 장사날 20명 안팎의 회장자會葬者 속에 연연燃然하시던 그 모습, 와야 할 조객들이 일제 관헌의 눈치를 꺼려 오지 못하고 조사弔辭 낭독 하나만으로 제약된 영결식에 조사의 낭독을 고인의 동향 후배라 하여 가엄家嚴께 미루시고 묵묵히 수립立하시던 모습은 지금도 나의 인상에 깊이 남아 있다.

–「한용운선생」, 『신천지』 9권 10호, 1954. 10.

만해와 친근하였던 송만공(수덕사)

조지훈은 그 정황을 위의 글에서 밝혀 놓았거니와, 그가 만해를 연구한 것도 간단한 인연은 아니다. 만해는 김동삼의 서거를 대단히 슬퍼하며 장례를 진행하였다. 영결식은 미아리 화장터에서 거행되었는데 만해는 대성통곡을 하면서, 다시는 김동삼 같은 인재가 없을 것이라고 한탄하였다. 만해는 일송을 나라가 위급할 시에 대처할 거목으로 보았다. 나라와 민족을 위해 큰일을 할 사람이 먼저 간 것을 슬퍼하였던 것이다. 사람들은 만해가 우는 것을 그때 처음으로 보았다.

김동삼 장례에 나타난 민족의식은 만주독립운동가인 이회영의 장례에서도 찾을 수 있다. 이회영이 중국에서 독립운동을 수행하다 일제에 체포되어, 중국의 대련 경찰서에서 1932년 11월 17일 고문으로 사망하자, 유족은 그의 시신을 고향인 경기도 장단으로 옮겨와 장례를 치렀다. 1932년 11월 28일, 눈보라가 치던 장단역 창고의 영결식장에 만해는 있었다. 선배 독립운동가에 대한 예의였다. 만해는 만주 탐방시에 만나, 독립운동을 상의하였던 연고가 있었다.

만해와 친근하게 지낸 인물에는 승려인 만공이 있다. 만공은 수덕사 출신으로 근대 선의 개척자인 고승 경허의 제자다. 때문에 그는 선 부흥을 통한 저항불교의 길을 가고 있었다. 선학원을 창건하고 조선불교 선종을 창립한 주역이었다. 만해와 만공은 선학원에서 만나 서로 의기투

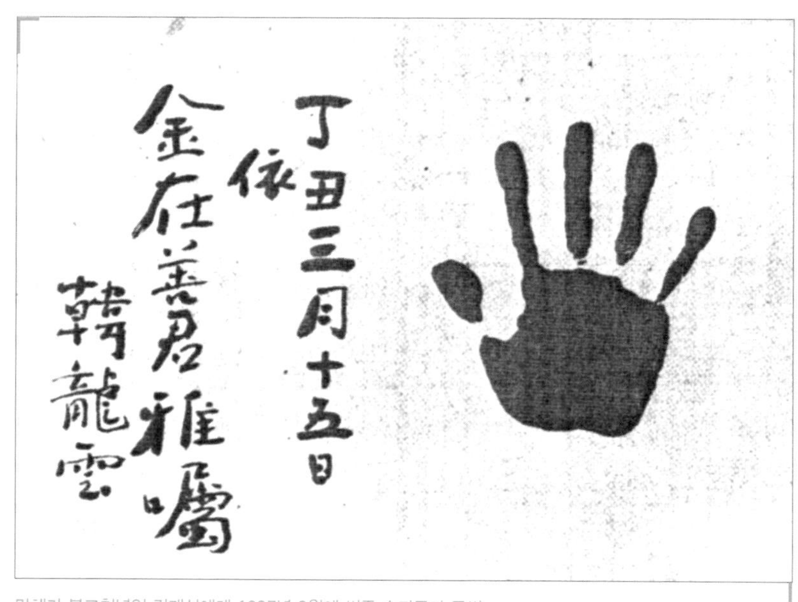

만해가 불교청년인 김재선에게 1937년 3월에 써준 손자국과 글씨

합하여 지내고 있었다. 만공은 전국의 선방을 돌아다니며 참선하는 승려들을 지도하기에 여념이 없었다. 그렇지만 만공도 불가피한 사정으로 그가 속한 본산인 마곡사 주지를 몇 년간 하였다. 이는 마곡사의 내분이 일어나 그를 차단할 큰스님이 나서야 마곡사가 안정된다는 간곡한 청에서 나왔다. 만공은 1937년 2월 26~27일, 조선총독부 제1회의실에서 열린 본산 주지 총회에 참석하였다. 당시 그 회의는 총독이 참가한 최초의 회의였기에 긴장감이 팽팽하였다. 중일전쟁을 본격화하기 직전 불교 통제라는 구도를 설정하기 위해 열렸지만, 표면적으로는 불교진흥책이라는 명분을 내세웠다. 27일, 회의에서는 본산 주지들이 돌아가면서 의

견을 개진하였다. 만공은 자기 차례가 오자, 가지고 간 주장자로 책상을 쿵 치고, 말을 시작하였다. 그 요지는 조선총독이 불교를 직접 간섭하여 사찰재산 망실, 공동체 파괴, 계율파괴가 심화되었으니 간섭을 하지 말라는 것이었다. 그리고 만공은 우리 불교도가 스스로 해 나갈 것이니, 간섭을 일체 하지 말라고 하면서 우리가 못해서 조선시대와 같은 노예적인 대우를 받더라도 우리가 직접 하겠다고 말했다. 총독은 불교를 망친 장본이기에 지옥에 떨어질 것이라는 말도 잊지 않았다. 만공이 이렇게 말을 하자, 회의장은 순식간에 긴장감이 팽팽하였다. 데라우치寺內正毅 총독은 무슨 생각을 하였는지는 모르나, 만공을 체포하지는 않았다. 본산 주지들은 총독 관저에 가서 음식 대접을 받았지만 만공은 선학원으로 와 버렸다.

만해는 이 소식을 접하고 선학원으로 가서 만공을 만났다. 만해는 만공을 얼싸 안고 "우리 만공이 정말 만공이야"하면서 춤을 추었다. 그때 선학원에 있었던 대중 승려들도 함께 마당으로 나와서 "조선은 죽었어도 불교는 살아 있다"고 함성을 질렀다. 그날 저녁 만해와 만공은 막걸리를 놓고 마주 앉아 담소를 나누었다.

"만공 호령만 하시지 말고 가져간 주장자로 그 놈을 한 대 갈기시지."

"곰은 막대기로 싸움을 하지만 사자는 호령만 하는 법이지."

그러자 만해는 즉각 응답을 하였다.

"새끼 사자는 호령을 하지만 큰 사자는 그림자만 보이는 법이지."

만해는 만공의 이 기개를 『불교』 신9집(1937. 12.)에 자신이 기고한 글, 「조선불교에 대한 과거 1년의 회고와 신년의 전망」에 소개했다. 만공의 기개는 1937년 불교계를 빛낸 사건이며, 선기법봉禪機法鋒의 쾌한快漢이 아니면 이해할 수 없는 것으로 보았다. 그 사건은 선기의 발로이고, 조선불교 역사의 한 페이지가 여기에서 빛났다고 평가했다. 평소 만공은 우리나라에는 사람이 귀한데, 그 '한 개의 반 개一箇半箇'는 만해라고 하였다. 즉 만공은 만해를 고귀한 대상으로, 아주 귀하게 보았다. 만공이 심우장으로 찾아오면, 두 사람은 사랑방에 술상을 차려 놓고 밤을 새우며 세상 이야기를 하였다.

불교학자인 서경보는 1937년경 개운사에서 박한영에게 불교학을 공부하였다. 평소 박한영은 강의 시간에 만해 이야기를 자주 하여, 학인들은 만해를 존경하였다. 서경보는 만해를 만나, 인사를 하였다. 서경보는 학인들이 긴요히 가져야 할 금언金言 일구一句를 가르쳐 달라고 하였다. 만해와 서경보 사이에 오고 간 대화는 다음과 같다.

> '설중매화雪中梅花'
>
> 용운스님은 냉랭하게 이 한마디를 거침없이 밀어붙이는게 아닌가. 그렇잖아도 긴장한 나의 몸과 마음이 얼어붙는 듯 하였다. 이 '설중매화'라는 용운스님의 말에 대하여 박한영 스님은 웃으시면서 비상한 고난을 겪으면서 탁월한 인격을 함양시켜야 된다고 말씀하시고, 엄동설한의 매화나무가 꽃이 필 때 차디찬 설중에서 그윽한 향기를 품는 것과 같다고 해설하였다.
>
> 참으로 매섭고도 짠 말씀이었다.
>
> 나는 오늘까지도 용운스님의 이 한마디를 잊어 본적이 없으며 항일과 불

교유신의 지도자요, 우리 문학사상 가장 위대한 시인이기도 했던 스님을 그 후 접할 수 없었던 인연을 애석하게 여긴다.

-「한용운과 불교사상」, 『문학사상』 4호, 1973. 1.

'설중매화', 이것이 만해의 정신사의 정수이다. 만해의 그 한마디가 민족의 자존, 지조였다. 만해의 심우장 시절의 지조, 민족정신은 간단하지 않았다. 심우장을 자주 찾던 이관구의 증언도 흥미롭다. 이관구는 신간회 경성지회의 일을 만해와 같이 맡아보게 되었던 관계로 만해와 접촉이 많았는데 그의 회고는 만해의 민족정신, 지조에 대한 진면목을 엿볼 수 있다.

나지막한 키에 영채 있는 안광眼光과 더불어 강초한 얼굴은 담력과 학덕을 겸비한 지사志士의 품모를 강하게 풍긴다. 불에 패인 총탄의 흔적에서 지나간 거센 풍상을 읽을 수 있다. 이로 인하여 이따금 체머리를 흔들게 된 것이 또한 특징이다.

굳은 침묵을 지키다가 한 번 입을 열면 열화烈火 같은 변설辨舌에 마디 마다 조리에 어긋남이 없다. 지기知己와 만나 담소할 때는 다사로운 정한情恨이 넘쳐 흐르지만 지조없는 변절자를 대할 때는 매서운 호령에 주먹까지를 거침없이 먹인다.

-「誠齋隨想(이관구): 독립운동과 한용운」(상), 『경향신문』 1976. 3. 1.

이런 만해의 지조, 절개, 고집은 심우장을 만해 정신을 집약하고 표출시킨 구현처로 만들었다. 이런 내용은 심우장이 민족정신의 성지聖地로 인식되기에 충분하였다. 암울한 식민지 시절, 타협과 변절이 판을 칠 때 만해는 심우장에 칩거하였지만, 일제의 패망을 기다리고 있었다. 만해는 한 겨울의 한 그루 매화가 되어 있었다. 매화는 봄이 머지않음을 말한다. 만해는 봄을 기다렸다. 만해의 그 심정은 아래의 시조인 「조춘早春」에서 엿볼 수 있다.

이른 봄 적은 언덕
쌓인 눈을 저어 마소
제 아무리 차다기로
돋는 엄을 어이 하리
봄옷을 새로 지어
가신 님께 보내고저
새 봄이 오단말가
매화야 물어 보자
눈 바람에 막힌 길을
제 어이 오단 말가
매화는 말이 없고
봉오리만 맺더라

봄동산 눈이 녹아
꽃뿌리를 적시도다

찬바람에 못견대는
어엽분 꽃나무야
간 겨울 나리든 눈이
봄의 사도使徒이니라

−『한용운전집』 1권, 1973.

만해는 매화이었고, 봄의 소식이었다. 만해는 언제 봄이 오느냐고, 자신에게 자문자답하였다. 그러나 매화는 말이 없고 꽃만 피어올랐다. 만해는 추운 겨울의 눈을 봄의 심부름꾼이라고 보았다.

이렇듯 심우장은 민족 자존심을 구현하는 성소聖所였다. 중국 임시정부에 김구가 있었다면, 국내에는 심우장의 만해가 있었다. 만해는 심우장에서 무궁화와 매화의 내음을 지폈다. 만해는 매화가 되어 봄이 오고, 독립이 오고, 해방이 되는 그날을 기다리고 있었다. 그 매화의 내음은 조금씩 삼천리강산에 퍼져 갔다.

새벽은 오고, 별은 지고

만해는 겨레가 해방될 그날을 기다리고 있었다. 그러나 그날은 분명 온다는, 와야 한다는 신념은 갖고 있었지만 그것이 언제라고 단정할 수는 없었다. 기다림은 늘상 어렵고, 쓸쓸하였지만, 그때가 올 때까지 만해는 기다렸다. 세상인심은 일제 식민통치가 각박한 것에 비례하여 사나워졌다. 만해는 그런 쓰라림을 참고 또 참았다.

만해는 인내를 주장했다. 그가 주장하는 인내는 성공을 의미한다. 원하는 것을 얻기 위해서는 인내는 필수다. 칠전팔기, 백절불굴의 표현처럼 인내는 쓰라린 성공을 예약한다. 그러나 인내와 비굴은 다르다. 비굴은 굴종이다. 만해는 인내와 굴종은 다르다고 단언한다. 『불교』 신14집(1938. 7.)에 기고한 「인내」에는 만해의 인내관이 잘 나온다.

인내라는 것은 참지 아니하려면 참지 아니할 수가 있는 것을 목적을 하기 위하여 능히 참는 것이오. 굴종이라는 것은 아니 참을 수가 없어서 그대로 견디는 것인데 그것은 참는 것이 곧 목적이 되고 마는 것이다. 인내는 목적을 위하여 능동적이오 굴종은 굴종을 위하는 피동적이다.

만해는 조국의 독립과 겨레의 해방을 위해서 만해는 견디고 있다. 그러나 인내는 춥고, 배고프고, 쓰라리다. 그래서 힘들었다. 더욱 그를 힘들게 한 것은 민족 지도자의 변절과 배신이었다. 청년들도 점차 나약해져 갔다. 만해는 점차 힘을 잃어갔다. 간혹 청년들과 막걸리를 먹을 때면 거나하게 취하고, 눈물을 머금으면서 말하였다.

"만일 내가 단두대에 나감으로써 나라가 독립된다면 추호도 주저하지 않겠다."

이는 만해가 청년들에 대한 기대와 나라의 독립에 대한 갈망이 어떠하였는가를 단적으로 말해주는 발언이다.

그러나 세월은 가고 사람은 늙는 것, 어느새 만해도 1939년에 회갑의 나이, 61세가 되었다. 만해가 그토록 치열하게 독립을 갈구하였지만 아직 해방은 되지 않았다. 그 해 음력으로 7월 12일, 만해와 평소 친근하게 지낸 지인들이 만해의 회갑 잔치를 서울 동대문의 청량사에 차렸다. 회갑 기념으로 식사나 하는 가벼운 자리였다. 그 자리에는 홍명희, 오세창, 박광, 이원혁, 장도환, 강석주, 김관호, 안종원, 이경희, 박윤진, 노기용 등 20여 명이 모였다. 만해는 그 날만은 마음을 풀고 참석한 손님들과 즐거운 시간을 가졌다. 만해는 참석한 사람들이 만해의 회갑을 축하하는 기념으로 만든 사인첩을 받고, 자신도 그날의 감흥을 적었다.

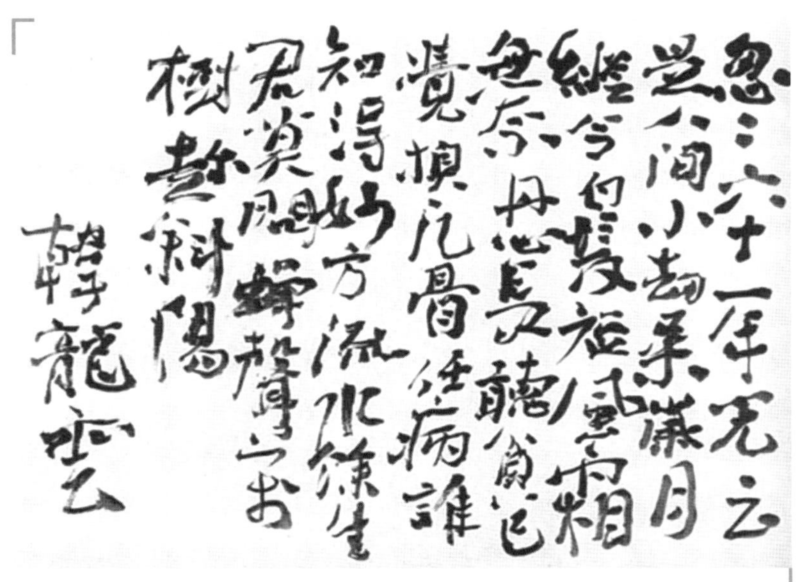

만해가 자신의 회갑을 맞아 청량사(서울)에서 쓴 유묵

회갑날의 즉흥	周甲日卽興
바쁘게도 지나간 예순 한해가	忽忽六十一年光
이 세상에선 소겁小劫 같이 긴 생애라고	云是人間小劫桑
세월이 흰머리를 짧게 했건만	歲月縱令白髮短
풍상도 일편단심 어쩌지 못해	風霜無奈丹心長
가난을 달게 여기니 뼈도 바뀌어	聽貧已覺換凡骨
병을 버려두매 병을 고치는 좋은 방법을 누가 알리	任病誰知得妙方
물 같은 내 여생을 그대여 묻지 말게	流水餘生君莫問

만해의 아들인 한보국이 북한에서 그의 딸, 사위, 손자들과 찍은 기념사진

숲에는 매미소리 가득하고 저녁해 기우누나　　　蟬聲萬樹趁斜陽

―『한용운전집』 1권, 1973.

여기에서는 만해의 투철하고, 도전적인 체취를 느낄 수 없다. 이제 만해도 노인이 되었다. 그간 치열한 도전정신으로 심신은 지쳤다. 마음도, 몸도 옛날 같지 않았다. 회갑 잔치를 치루고 난 3일 후 만해는 경남 사천의 다솔사로 내려갔다. 다솔사에는 그를 따르던 불교청년운동의 주역이고 만당의 당원이었던 최범술이 주지로 있었다. 다솔사에는 만당의 당원인 김법린, 허영호, 한보순도 있었고 동양 철학자인 김범부도 머물렀다. 때문에 다솔사는 만당 당원들의 근거처, 항일의 근거지였다. 만해가 다솔사에 내려오자 범어사의 김경산, 통도사의 김구하도 다솔사에 와서 회갑을 축하해주었다. 다솔사의 잔디밭에서 만해는 불교청년들과 즐거운 한때를 지내며, 술도 마음껏 마시며, 자신의 회갑을 기념하는 나무를 심었다.

만해는 어느덧 노년의 나이로 접어들었다. 이제는 도전정신, 초지일관, 초심만을 강조할 나이와는 걸맞지 않았다. 늦게 얻은 어린 딸의 재롱을 바라보고, 심우장 주변의 자연과 대화를 나누었다. 한편 만해는 홍성 고향에 전통적인 결혼으로 낳은 아들, 한보국이 있었다. 만해는 승려가 된 이후에는 그의 첫 부인과 아들이 있는 고향에 한번도 가지 않았다. 그러다가 1919년 3·1운동의 민족대표가 되자, 만해의 이름이 신문지상을 통하여 세상에 알려지게 되었다. 이때, 그의 아들 한보국은 선학원으로 자신의 아버지인 만해를 찾아왔다. 그러나 만해는 하루도 재우지 않고, 몇 마디 말만 하고 내려보냈다. 당시 한보국은 홍성에서 고물장사로 떠돌고 있었다. 한보국은 일제 강점기 때 중동고 야간을 나와 사회주의 운동에 관여하다 옥고도 치루고, 해방공간에서는 홍성에서 사회주의 계열의 국가 재건 활동을 했다. 그러나 만해는 한보국이 사회주의 운동을 한다는 것을 알고서는 크게 꾸짖었다. 그는 조국을 찾기 이전에는 결혼을 들지 않겠다고 하여 31세의 늦장가를 갔다. 해방공간인 1948년에는 해주의 남북연석회의에 참석하였고, 1950년에는 남한의 정부에 체포되었지만 수감 중 6·25 전쟁으로 출옥하였다. 출옥 후 홍성의 군당위원장을 수행하다 북한으로 넘어갔다. 그는 가족을 이끌고 월북하였고 딸을 다섯이나 두었다. 그는 1976년에 서거하면서, 딸들에게 "통일이 되면 너희들이 할아버지의 성묘를 하라"는 유언을 남겼다.

한보국은 서울로 올라와 그의 모친(만해의 첫째 부인)과 서대문 밖에 거주하고 있을 적에, 심우장으로 그의 딸을 데리고 만해를 찾아왔다. 어린 손녀들은 사람들이 만해를 보고 '중'이라고 말하는 것이 싫어 만해에게 왜 하필이면 중이 되었는가를 물었다. 그러자 만해는 "할아버지가 중이 되신 건 오직 나라를 구하기 위함이었느니라"고 대답하였다.

만해가 노년시절에 한보국과 손녀를 심우장에서 만났다는 자체가 예전 기상과는 다른 가라앉은 분위기다. 만해도 깊은 시름을 앓고 있었다. 그 시름은 늙음에 대한 아픔이고, 야만적인 현실에서 나온 괴로움이다.

그 당시 일제는 제2차 세계대전을 추진하면서 식민통치를 강화하였다. 모든 것이 통제요, 명령이었다. 우리의 말과 글을 없애고, 눈과 귀도 막았다. 당시 민족 신문으로 양대 산맥을 이루고 있었던 『조선일보』,

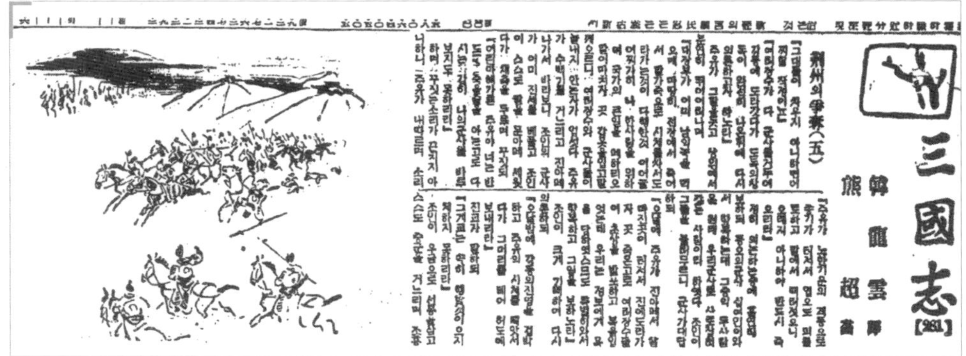

三國志

韓龍雲 譯

熊超 畫

荊州의 爭奪(五)

만해가 『조선일보』에 연재한 『삼국지』의 마지막 회(1940. 8. 11.)

『동아일보』도 언론 탄압으로 강제 폐간을 당했다. 만해는 『조선일보』의 지면에 『삼국지』를 번역, 재구성하여 1939년 11월 1일부터 연재하였는데 신문 폐간으로 연재가 중단되었으니 더욱 참담한 심정이었다. 그래서 만해는 역사를 기록하고, 정의의 심정으로 고발하고, 옛정을 생각하면서 눈물을 흘렸다.

신문이 폐간되다	新聞廢刊
붓이 꺾이어 모든 일 끝나니	筆絕墨飛白日休
입이 있어도 말을 못하는 쓸쓸한 가을날	衡枚人散古城秋
한강의 물도 흐느끼나니 울음삼켜 흐느끼며	漢江之水亦鳴咽
연지硯池를 외면한 채 바다 향해 흐르느니!	不入硯池向海流

-『한용운전집』 1권, 1973

그리고 1940년 4월에는 만해와 함께 3·1운동시 민족대표로 활동한 백용성이 세수 77세로 입적하였다. 백용성은 포교, 저술, 선농불교, 참선분야에서 당대를 대표하는 큰스님이었다. 만해는 그와 함께 불교 대표로 3·1운동에 동참한 백용성에 대한 감회는 남달랐다. 만해는 1941년 7월 해인사 경내에 세운 「용성대선사사리탑비명」을 자신이 직접 찬술하였다. 또한 1943년 3월 31일, 선학원 계열의 청정 수좌들이 '우리 공로자의 표창은 우리 손으로'라는 기획하에 중앙선원에서 비매품으로 발간한 『경허집』의 머리말을 썼다. 근대 최고의 선승으로 불리운 경허는 만공의 은사였기에, 만공은 경허의 자료를 수집하고 보관하여 왔다. 만해가 『경허집』의 서문을 쓴 연유는 그의 정신적인 동지인 만공이 경허의 원고 뭉치를 전하면서 편집을 부탁했기 때문이다.

만해는 기력이 빠지고 있던 노년이었지만 자신이 할 일을 찾았다. 노년이라는 거스를 수 없는 세월의 흐름에 좌절하지 않았다. 비록 그가 60이 넘은 노인이었지만 그는 다시 시작하였다. 그는 우리말, 우리 역사를 되찾기 위한 일에서부터, 힘겹지만 자기가 할 일을 찾았다. 그것은 단재 신채호의 유고집 간행이었다. 만해는 1936년에 신채호의 비석 건립을 추진했다. 이 비석 건립은 그가 비문의 문장을 짓고, 오세창이 글씨를 쓴다는 기획이었다. 건립 비용은 『조선일보』에서 받은 원고료로 충당할 계획이었으나 일제의 탄압으로 비석 건립은 중지하고, 「단재 신채호 묘」라고 새긴 비갈碑碣(묘비)을 만들어 단재의 동지인 신백우에게 전달하는 것에 그쳤다. 만해는 돌을 구하고, 오세창은 그 돌에 서각을 했다. 1936년, 만해는 정인보, 안재홍과 함께 다산 정약용선생서거 100주년 기념회를 서울 공평동 태서관에서 개최하였는데, 이것도 민족정신을 기리기 위함이었다.

그러나 만해는 여기에 만족하지 않고 최범술, 신백우, 박광과 함께 신채호의 유고인 『조선상고사朝鮮上古史』와 『상고문화사上古文化史』의 간행에 착수하였다. 나름대로는 작정을 하고 이 작업을 추진하였으나, 실무자인 최범술이 일제에 구속되는 바람에 역시 중단되었다. 만해가 이처럼 신채호의 묘비를 세우고, 저술을 간행하려는 의도는 신채호가 민족사학자였기 때문이다. 신채호는 특히 역사의 이론을 아我와 비아非我의 투쟁으로 보았으며, 일제와의 투쟁도 민중 중심의 무장 항쟁을 원칙으로 삼았다. 더욱이 그는 독립운동을 수행함에 있어 일체의 타협 없이 처절하게 실천하였다. 이러한 단재의 행적은 만해의 민족정신과 유사하였다.

만해는 이처럼 노년의 나이를 잊은 채 민족정신의 회복, 민족문화의 재정립을 통하여 독립의 그날을 준비했다. 그러나 60대 중반을 넘기면서 그의 심신은 극도로 지쳤다. 그의 일은 더욱 위축되어 갔다. 홍명희가 보내 준 『수호지』를 읽는 것이 유일한 즐거움이었다. 더욱이 원고료로 근근이 연명하며 생활하는 삶의 고통은 이루 말할 수 없었다. 만해는 병들었다. 그의 병은 중풍과 영양실조였으나 진단이나 병원치료는 할 처지도 못되었다. 선학원 승려인 김적음은 만해와 친근한 사이였는데, 그는 침을 잘 놓는 한의사이었지만 발심하여 출가하였기에 심우장에 와서 침을 시술하였다. 방응모는 만해의 병 치료를 위해 녹용이 든 약재를 몇 번 제공하였다.

그러나 그의 병은 더욱 깊어갔다. 1944년 6월 29일 저녁, 겨레의 별이 떨어졌다. 조국의 독립이 거의 임박한 그 날, 만해는 별이 되어 이 땅을 떠났다. 세수 66세, 법납은 40세였다. 만해는 돌연 혼수상태에 빠졌지만 끝내 소생하지 못하였다. 가족들과 제자들은 만해가 평소 같이 체온이 유지되고 있어 다시 소생할 것을 예상하고 4일을 기다렸으나 끝내 일어나지 못하였다. 조문을 온 김병로와 상의하여 염습을 한 다음, 그 다음날 미아리 화장터에서 다비를 하고 유해는 망우리 공동묘지에 묻었다. 묘지 주위에는 어린 무궁화가 있었다. 다비 시에는 오직 치아가 타지 않아, 사람들이 신기해하였는데 불교에서는 치아의 출현을 귀하게 여기고 있어, 그를 지켜본 사람들은 만해의 위대성을 이야기하기도 하고, 해방이 임박하였다는 말도 했다.

만해 유족과 제자들은 장례비용도 없었지만, 지인들의 도움으로 5일장으로 장례식(1944. 7. 3.)을 치렀다. 당시 조문 온 사람들은 오세창, 정인보, 방응모, 박광, 이인, 허영호, 이재열, 이극로, 조지훈, 변영로, 장도환, 홍기문, 박윤진, 장상봉, 김상호, 박고봉, 조종현, 표회암, 김용담, 안진호, 서원출, 이관구, 강석주, 여운형, 김병로, 김적음, 최응산, 김법린 등 200여 명이었다. 일본 경찰이 조문자를 확인해서 용기 없는 사람은 오지도 못했다. 만해의 제자 춘성은 호곡號哭을 하면서 만해와의 이별을 아쉬워했다.

만해가 세상을 떠났다는 소식은 『매일신보』1944년 7월 1일자에 "조선불교계에 공헌이 큰 한용운 대사는 29일 오후 1시 반 뇌일혈로 부내 성북정 221번지 자택에서 별세하였다"고 간략하게 보도되었다. 만해의 혼이 깃들어 있었던 『불교』 신64집(1944. 9.)은 열반계涅槃界라는 제목하

만해의 묘소(서울 망우리)

에 "만해 용운대종사는 거去 육월 이십구일 어於 성북정 심우장 자택에서 입적하시였다"로 전했다. 식민통치의 암흑기에서 만해의 정신을 더듬는 것 자체가 사치스러웠다. 임시정부의 김구 주석은 8·15해방 이듬해인 1946년 2월 10일, 망우리 공동묘지에 있는 만해의 묘소를 눈물로 참배하였다.

만해의 행적과 정신은 이 땅에 영원히 남아 있다. 만해가 지은 수많은 책과 글은 영원히 전승될 것이다. 만해와 친근하게 지내다 6·25 때 북한으로 납북된 홍명희는 해방공간의 좌우의 분열을 중재할 사람의 하나가 만해선생이었는데 안타깝다고 하였다. 수덕사 고승인 송만공은 이제 서울에는 만날 사람이 없다면서, 만해가 떠난 이후로는 서울에는 올라오지 않았다. 민족사학 개척에 이바지한 정인보는 만해의 영결식에서 아래의 시조로써 조곡弔哭하였다.

풍란화風蘭花 매운 향내 당신에게 비할손가
이날에 님 계시면 「별」도 아니 더 빛날까
불토佛土가 이외 없으니 혼魂아 「돌아」 오소서

－『해방기념시집』, 정음사, 1948.

정인보가 읊은 이 시조는 만해를 상징하는 '풍란화 매운 향내'를 우리들의 가슴에 심어 주었다. 이 시조는 해방 직후인 1945년 12월 중앙문화협회에서 발간한 『해방기념시집』에 기고된 작품인 「십이애十二哀」의 일부분이다. 정인보는 그 시조의 말미에 '고용운당대선사를 생각하고'라는 덧붙이는 말과 함께 기고하였다. 그는 자신의 시조집인 『담원시조』(정음사, 1948)에도 이 시조를 게재하였기에, 만해를 추모하는 대표적인 시로 널리 회자되었다.

만해는 이처럼 처절하게 그의 삶을 불사르고 이 땅을 떠났다. 이제 우리는 만해에게 어떤 상징을 부여할 수 있는가? 이에 대한 고민은 만해를 따랐으며, 만당의 일원이었던 조종현이 서술한 「만해 한용운」이라는 글에 게재된 '서시序詩'에서 해답을 찾을 수 있다.

만해卍海는 중이냐
중이 아니다.

만해는 시인이냐

시인도 아니다.

만해는 한국사람이다. 뚜렷한 배달민족이다. 독립지사다. 항일투사다.

강철같은 의지로, 불덩이 같은 정열로, 대쪽같은 절조로, 고고한 자세로,

서릿발 같은 기상으로, 최후의 일각까지 몸뚱이로 부딪혔다.

마지막 숨을 거둘 때까지 굳세게 결투했다.

꿋꿋하게 걸어갈 때 성역聖域을 밟기도 했다.

벅찬 숨을 터트릴 때 문학의 향훈을 뿜기도 했다.

보리수의 그늘에서 바라보면 중으로도 선사禪師로도 보였다.

예술의 산허리에서 돌아보면 시인으로도 나타나고 소설가로도 등장했다.

만해는 어디까지나 끝까지 독립지사였다. 항일투사였다.

만해의 진면목眞面目은 생사를 뛰어 넘은 사람이다. 뜨거운 배달의 얼이다.

만해는 중이다. 그러나 중이 되려고 중이 된 건 아니다.

항일투쟁하기 위해서다.

만해는 시인이다. 하지만 시인이 부러워 시인이 된 건 아니다.

님을 뜨겁게 절규했기 때문이다.

만해는 웅변가다. 그저 말을 뽐낸 건 아니고, 심장에서 끓어 오르는 것을 피로 배앝았을 뿐이다.

어쩌면 그럴까? 그렇게 될까? 한점 뜨거운 생각이 있기 때문이다. 도사렸기 때문이다.

–『한용운사상연구』 1집, 1980

조종현은 만해를 이렇게 표현하였다. 여기에서 만해의 다면적 진면목이 나왔다. 그러나 그의 본질, 사상, 지향은 민족정신의 갈구에 있었다.

만해의 비석(서울 탑골공원)

만해는 그가 그토록 갈구하고 고대하던 해방을 보지 못하고 열반의 길로 갔다. 그러나 그는 열반하였지만 결코 이 땅을 떠나지 않았다. 그의 행적과 정신은 그가 살았던 이 땅에 영원히 살아 있다. 평소 만해는 자신의 삶의 존재성에 대한 끊임없는 회의와 자문자답을 하였다. 이는 자신이 해야 할 것을 모색하는 성찰 차원에서 자기의 돌아봄이다.

> 나는 왜 승僧이 되었나? 내가 태어난 이 나라와 사회가 나를 승이 되지 아니치 못하게 하였던가. 또는 인간세계의 생사병고生死病苦 같은 모든 괴로움이 나를 시켜 승방僧房에 몰아 넣고서 영생永生과 탈속脫俗을 속삭이게 하였던가. 대체 나는 왜 승이 되었나 승이 되어 가지고 무엇을 하였나 또 무엇을 얻었나 그래서 인생과 사회와 시대에 대하여 어떠한 도움을 하여 왔나. 이제 위승爲僧된지 30년에 출가의 동기와 그 동안의 파란과 현재의 심경을 생각하여 볼 때에 스스로 일맥一脈의 감회가 가슴을 덥는 것을 깨닫게 한다.
>
> – 한용운, 「나는 왜 승이 되었나」, 『삼천리』 6호, 1930. 5

만해는 이처럼 자신의 정체성과 역할에 대하여 깊은 고민을 하였다. 그러나 우리는 분명히 말할 수 있다. 그는 이 겨레에 사랑과 자각을 심어주었으며 자유, 평등, 독립의 사상을 만들어 주었다는 것을.

만해, 그가 이 땅을 떠난 지 어언 70여 년 이 땅에 살고 있는 8천 만 겨레에게 정녕 어떤 의미로 남겨져 있는가. 그 누구도 단언하여 말하기는 간단하지 않다. 그러나 만해는 우리 겨레의 가슴에서 영원히 사라지지는 않을 것은 분명하다.

만해에 대한 다각적인 접근과 새로운 이해는 앞으로도 더욱 더 지속될 것이다. 만해 찾기, 만해 탐구의 여행은 여기에서 마친다.

1879 8월 29일(음력 7월 12일) 부친 한응준과 모친 온양 방씨 사이의 6남으로 충청남도 홍주군 주북면 옥동에서 출생(현 홍성읍 대교동). 본관은 청주, 유년 시절의 이름은 유천, 호적 이름은 정옥

1884 향리 서당에서 한학 수학

1886 홍성읍내로 이주, 한학 공부 지속(은사 문수운)

1887 통감, 대학, 서상기, 서경 등을 공부(10세까지는 서당 공부, 이후 자습)

1895 전정숙과 결혼

1896 향리의 서당 선생

1897 1차 출가, 상경의 길에 법주사, 백담사로 방향을 전환. 건봉사 강원에서 수학, 방랑

1904 2차 출가

1905 1월 26일 백담사에서 정식 수계(은사 김연곡, 계사는 전영제)
4월, 이학암(백담사)에게 기신론, 능엄경, 원각경을 배움

1906 세계일주 차원에서 시베리아행 단행, 석왕사에 칩거

1907 건봉사 선원에서 최초의 안거 수행. 만화선사로부터 전법(당호, 龍雲)

1908 명진학교 보조과(속성과, 3개월) 수학
5~9월 일본으로 시찰 겸 유학(임제종대학, 현 고마자와 대학)
9월 귀국, 건봉사에서 이학암에게 화엄경과 반야경 배움
12월 10일 경성명진측량강습소 개설, 소장

1909 7월 30일 표훈사 강원 강사

1910 3월, 9월 중추원과 통감부에 승려 결혼을 허용해달라는 건백서 제출

9월 20일, 화장사 화산강숙 강사

12월 8일, 『조선불교유신론』 탈고

1911 원종의 조동종 맹약에 반대하는 임제종운동 주도

3월 16일 임제종 종무원 관장에 취임, 종무원을 범어사로 이전

1912 5월 임제종중앙포교당 개설

6월 임제종중앙포교당을 선종중앙포교당으로 명칭 변경

9~10월, 만주 서간도 탐방(친일파 오인 피격, 구사일생으로 목숨 구함)

1913 3~4월 『조선불교월보』에 「승려의 단결」(『조선불교유신론』 일부 원고) 기고, 필명, 자호인 만해萬海를 사용

5월 19일 통도사 강원 강사에 취임. 통도사에 머무르며 대장경 열람

5월 25일, 『조선불교유신론』 발간(불교서관)

1914 4월 조선불교강구회 총재. 4월 30일 『불교대전』발간(범어사 발행)

8월 조선불교회 조직, 회장 취임(본산 주지와 일제의 방해로 중단)

9월 불교동맹회 조직, 주도(일제의 방해로 중단)

1915 8월 조선선종중앙포교당 포교사에 취임

1917 4월 4일 신문관에서 『정선강의 채근담』 발간

12월 3일 오세암에서 좌선 중 깨달음

1918 9월 월간 교양잡지 『유심』 발간, 발행인(3호로 중단)

1919 1월 최린 등 천도교 측과 3·1운동 논의

2월 불교, 유교 측의 민족대표 포섭. 공약삼장 추가(공약삼장은 육당 최남선이 썼다는 설도 있음)

3월 태화관에서 독립선언식 참여, 주도. 일제에 피체

7월 10일 「조선독립에 대한 감상」 작성

8월 9일 경성지방법원에서 유죄 판결

1921	12월 22일 석방, 선학원에 머무름
1922	3월 24일 역경과 불교대중화를 위한 단체인 법보회 발기
	3월 29~30일 선학원의 선우공제회 발기인
	11월 민립대학기성회에 참여
1923	3월 31일 민립대학기성회의 중앙부 집행위원에 피선
	4월 2일 민립대학기성회의 상무집행위원에 피선
1924	1월 6일 조선불교청년회 총재에 취임
1925	6월 7일 오세암에서 『십현담주해』 탈고
	8월 29일 『님의침묵』 탈고
1926	5월 15일 법보회에서 『십현담주해』 발간(비매품, 법보시)
	5월 20일 회동서관에서 『님의 침묵』 발간
	6월 7일 선학원에서 6·10만세운동 예비검속으로 구속
1927	1월 19일 신간회 발기인으로 참여
	2월 15일 신간회 중앙집행위원으로 피선
	6월 10일 신간회 경성지회장으로 피선
1928	8월 『건봉사급건봉사본말사약지』 편찬, 발간
1929	12월 광주학생운동의 민중대회 사건으로 구속
1930	5월 항일비밀결사 만당의 당수로 추대(비공식)
1931	6월 『불교』의 발간처인 불교사 사장으로 취임
	7월 전주 안심사의 한글경판 발견, 확인
1932	12월 안심사에 보관되었던 한글경판을 인출
	『불교』지 선정 불교계 대표인물 선정에서 절대 다수로 1위 차지
1933	7월 『불교』 휴간으로 불교사 사장에서 퇴직. 유숙원과 결혼(재혼)
	조선어학회 발기인
1934	9월, 딸 한영숙 출생. 서울 성북동에 심우장을 짓고, 머무름

1935	4월 9일, 『조선일보』에 소설, 「흑풍」 연재 시작(1936년 2월 4일까지)
1936	『조선중앙일보』에 소설, 「후회」 연재(50회로 중단)
	신채호 묘비 건립(글씨는 오세창이 씀)
	7월 16일, 다산 정약용서거 백년기념회 개최(정인보, 안재홍과 함께)
1937	3월 항일운동가 김동삼이 서거하자, 유해 인수하여 장례를 치룸
	『불교』 신1~2집에 소설, 「철혈미인」 연재
1939	청량사에서 회갑연 개최(음력 7월 12일). 다솔사에서 회갑 기념식수
	『조선일보』에 삼국지 번역, 연재 시작(1940년 8월, 조선일보 폐간까지)
1942	신채호 유고집 발간 추진, 좌절(최범술, 박광, 신백우와 함께)
1944	6월 29일 심우장에서 입적. 망우리 공동묘지에 안장
1948	만해한용운전집 간행 추진위원회 조직, 자료수집(6·25로 중단)
1959	조지훈과 고대문학회가 만해전집 발간을 위한 작업, 시작
1962	대한민국 건국공로 훈장을 정부에서 추서
1967	10월 파고다 공원에 용운당대선사비 건립
1971	만해한용운전집간행위원회 재결성, 자료수집
1973	7월 5일 『한용운전집』(전 6권)을 신구문화사에서 간행
1979	『한용운전집』 증보판 발간
1974	창작과비평사에서 만해문학상 제정
1980	만해사상연구회 결성(심우장)
1992	만해학회 결성
1995	제1회 만해제 거행(홍성), 만해사(생가) 건립
1996	만해사상실천선양회 결성(백담사)
1999	제1회 만해축전 개최(백담사), 만해대상 시상
2003	만해마을 준공(백담사 입구)
2013	만해마을, 동국대로 기증

- 강석주·박경훈, 『불교근세백년』, 민족사, 2002.
- 고명수, 『나의 꽃밭에 님의 꽃이 피었습니다, 민족의 청년 한용운』, 한길사, 2000.
- 고은, 『한용운평전』, 민음사, 1975.
- 고재석, 『한용운과 그의 시대』, 역락, 2010.
- 권영민, 『한용운 문학전집』, 태학사, 2011.
- 김광식, 『근현대불교의 재조명』, 민족사, 2000.
- 김광식, 『민족불교의 이상과 현실』, 도피안사, 2007.
- 김광식, 『불교 근대화의 이상과 현실』, 선인, 2014.
- 김광식, 『불교와 국가』, 국학자료원, 2013.
- 김광식, 『새불교운동의 전개』, 도피안사, 2002.
- 김광식, 『용성』, 민족사, 1999.
- 김광식, 『우리가 만난 한용운』, 참글세상, 2010.
- 김광식, 『한국근대불교사연구』, 민족사, 1996.
- 김광식, 『한국근대불교의 현실인식』, 민족사, 1998.
- 김광식, 『한용운 연구』, 동국대출판부, 2011.
- 김상웅, 『만해 한용운 평전』, 시대의 창, 2006.
- 김상현, 『만해 한용운 어록, 조선청년에게 고함』, 시와 시학사, 1991.
- 김인환, 『한용운의 님의 침묵을 읽는다』, 열림원, 2003.
- 김재홍, 『한용운 문학 연구』, 일지사, 1982.

· 김종인, 『날카로운 첫키스의 추억; 만해 한용운 『님의침묵 평설』, 나남, 2008.
· 만해사상실천선양회, 『만해 한용운 논설집』, 장승, 2000.
· 만해사상실천선양회, 『한용운시전집』, 장승, 1998.
· 박걸순, 『한용운의 생애와 독립투쟁』, 독립기념관, 1992.
· 박노준 · 인권환, 『만해 한용운연구』, 통문관, 1960.
· 박재현, 『만해, 그날들』, 푸른역사, 2015.
· 서정주, 『만해 한용운 한시선』, 민음사, 1999.
· 서준섭, 『한용운 작품 선집』, 강원대학교출판부, 2001.
· 송욱, 『전편해설 님의 침묵』, 과학사, 1974.
· 신동욱, 『한국현대시인연구, 한용운』, 문학세계사, 1993.
· 신동욱 · 김열규, 『한용운연구』, 새문사, 1981.
· 안병직, 『한용운』, 창작과 비평사, 1979.
· 윤재근, 『만해시, 님의 침묵연구』, 민족문화사, 1985.
· 윤재근, 『만해시와 주제적 시론』, 문학세계사, 1981.
· 이선이, 『만해시의 생명사상연구』, 월인, 2001.
· 임중빈, 『한용운 일대기』, 정음사, 1974.
· 전보삼, 『만해 한용운 산문집, 푸른 산빛을 깨치고』, 민족사, 1992.
· 최동호, 『사랑과 혁명의 아우라, 한용운』, 건국대학교출판부, 2001.
· 최동호, 『한용운, 혁명적 의지와 시적 사랑』, 건국대학교출판부, 1999.
· 최동호, 『한용운시연구』, 문학사상사, 1989.
· 최동호, 『한용운시전집』, 문학사상사, 1996.
· 한계전, 『님의 침묵 해설』, 서울대출판부, 1996.
· 한용운전집편집위원회, 『한용운전집』, 신구문화사, 1973.

대상	구분	게재지 · 출판사	발표
「思鄕」 등 12편	한시	『和融誌』 12권 6·7·8호	1908. 6·7·8
「中樞院 請願書」	논설		1910. 3. 24(음)
「統監府 建白書」	논설		1910. 9
「동화사 내원암 同戒錄」	발문		1910. 4. 29
『佛敎漢文讀本』	교재		1912
「女子斷髮令」	논설		1912
「元僧侶之團體」	논설	『조선불교월보』 13~14호	1913. 4~5
『朝鮮佛敎維新論』	저서	불교서관	1913. 5. 25
『佛敎大典』	저서	범어사	1914. 4. 30
「古書畵의 3일」	수필	『매일신보』	1916. 12. 7~15(5회)
『精選講義 菜根談』	저서	신문관	1917. 4. 6
「悟道頌」	한시		1917. 12. 3
「처음에 씀」	시	『유심』 1호	1918. 9
「心」	시	『유심』 1호	1918. 9
「朝鮮靑年과 修養」	논설	『유심』 1호	1918. 9
「苦痛과 快樂」	논설	『유심』 1호	1918. 9
「學生의 衛生的 夏期自修法」	논설	『유심』 1호	1918. 9
「苦學生」	수필	『유심』 1호	1918. 9
「生의 實現」	번역	『유심』 1, 2, 3호	1918. 9~12
「一莖草의 生命」	시	『유심』 2호	1918. 10
「魔는 自造物이다」	논설	『유심』 2호	1918. 10
(권두언)	시	『유심』 3호	1918. 12
「自我를 解脫하라」	논설	『유심』 3호	1918. 12

대상	구분	게재지·출판사	발표
「遷延의 害」	논설	『유심』 3호	1918. 12
「毁譽」	논설	『유심』 3호	1918. 12
「前家의 梧桐」	수필	『유심』 3호	1918. 12
「無用의 勞心」	수필	『유심』 3호	1918. 12
(권두언, 창간사)	시	『신청년』	1919. 1
「朝鮮獨立에 對한 感想의 大要」	논설	『독립신문』 25호	1919. 11. 4
「無窮花 심으과저」	시	『개벽』 27호	1922. 9
「現 制度를 打破하라」	인터뷰	『동명』 2호	1923. 1
「靈的缺乏으로 苦痛」	대담	『동아일보』	1923. 1. 9
「내가 믿는 佛敎」	논설	『개벽』 45호	1924. 3
「죽음」(遺稿)	소설		1924
「社會運動과 民族運動 차이점과 일치점」	대담	『동아일보』	1925. 1. 2
「混沌한 思想界의 先後策」	대담	『동아일보』	1925. 1. 23
『十玄談註解』	번역	법보회	1926. 5. 15
『님의 침묵』	시집	회동서관	1926. 5. 20
「가갸날에 대하여」	논설	『동아일보』	1926. 12. 7
「女性의 自覺이 人類解放要素」	대담	『동아일보』	1927. 7. 3
「죽었다가 다시 살아난 이야기	수필	『별건곤』 8호	1927. 8
「내가 생각하는 痛快二三」	회고	『별건곤』 8호	1927. 8
「質素·簡潔」	설문	『별건곤』 17호	1928. 12
「成佛과 往生」	시조	『일광』 창간호	1919. 12
「天道敎에 대한 感想과 囑望」	논설	『신인간』 20호	1928
「天下名妓 황진이」	수필	『별건곤』 18호	1929. 1
「朝鮮青年에게」	논설	『조선일보』	1929. 1. 1
「人格을 尊重하라」	논설	『회광』 2호	1929. 3
「작은 일부터」	논설	『근우』 창간호	1929. 5
「專門知識研究」	논설	『별건곤』 21호	1929. 6
「聞砧聲」 외 6편	한시	『삼천리』 1호	1929. 6

대상	구분	게재지·출판사	발표
「當時의 追憶」(押收, 미게재)	회고	『삼천리』 1호	1929. 6
「明沙十里行」	수필	『조선일보』	1929. 8. 14~24
「小作農民의 覺悟	논설	『조선농민』 6권 1호	1930. 1
「남모르는 나의 아들」	회고	『별건곤』 25호	1930. 1
「精神부터 修養, 民衆에게 보내는 新春 멧세이지」	기타	『별건곤』 제26호	1930.2
「農業의 神聖化」	논설	『농민』 1호	1930. 5
「나는 왜 僧이 되었나」	회고	『삼천리』 6호	1930. 5
「沈着性과 持久性 있는 靑年을」	기타	『대중공론』 2권 5호	1930. 6
(축사)		『별건곤』 30호	1930. 7
「階級戰爭으로」	설문	『별건곤』 32호	1930. 9
「萬有가 佛性으로 돌아간다」	대담	『삼천리』 8호	1930. 9
「儒林界에 대한 희망」	설문	『천도』 8호	1930. 10
「한·일 공학제도」	논설	『조선일보』	1930. 10. 8
「朝鮮은 어디로 가나?; 종교계」	설문	『별건곤』 34호	1930. 11
「민중불교 건설은 포교법에 있다」	논설	『매일신보』	1931. 1. 31
「신간회 해소가부론; 容易치는 안타」	설문	『별건곤』 37호	1931. 2
「時間的 協同은 必要」	설문	『삼천리』 12호	1931. 2
「民族的大協同機關 組織의 必要와 可能如何-都是難言」	논설	『혜성』 창간호	1931. 3
「修道僧과 禁慾」	설문	『삼천리』 13호	1931. 3
「지는 해」	시	『삼천리』 15호	1931. 5
「還家」(卷頭)	시조	『불교』 84·85합호	1931. 6
「聖誕」	시	『불교』 84·85합호	1931. 6
(권두언)		『불교』 86호	1931. 8
「비바람」	수필	『불교』 86호	1931. 8
「漫話」	기타	『불교』 86호	1931. 8
「불교청년총동맹에 대하여」	논설	『불교』 86호	1931. 8
(권두언)		『불교』 87호	1931. 9

대상	구분	게재지·출판사	발표
「政教를 分立하라」	논설	『불교』 87호	1931. 9
「國寶的 한글 경판의 발견 경위」	기타	『불교』 87호	1931. 9
「印度 불교운동의 片信」	논설	『불교』 87호	1931. 9
「반달과 소녀」	시조	『불교』 87호	1931. 9
「漫話」	기타	『불교』 87호	1931. 9
「在日 在滿 同胞問題와 國際主義」	논설	『삼천리』 3권 9호	1931. 9
(권두언)		『불교』 88호	1931. 10
「조선불교의 개혁안」	논설	『불교』 88호	1931. 10
「山村의 여름저녁」	시조	『불교』 88호	1931. 10
「중국불교의 현상」	논설	『불교』 88호	1931. 10
「問葛藤」	기타	『불교』 88호	1931. 10
(권두언)		『禪苑』 창간호	1931. 10
(권두언)		『불교』 89호	1931. 11
「타이의 불교」	논설	『불교』 89호	1931. 11
「問葛藤」	기타	『불교』 89호	1931. 11
(권두언)		『불교』 90호	1931. 12
「우주의 因果律」	논설	『불교』 90호	1931. 12
「중국혁명과 종교의 수난」	논설	『불교』 90호	1931. 12
「問葛藤」	기타	『불교』 88호	1931. 12
「歲暮」	시조	『불교』 88호	1931. 12
「겨울밤 나의 생활」	수필	『혜성』 9호	1931. 12
「二大問題」	논설	『일광』 3호	1931. 12
(권두언)		『불교』 91호	1932. 1
「寺法改定에 대하여」	논설	『불교』 91호	1932. 1
「원숭이와 불교」	논설	『불교』 91호	1932. 1
「韓龍雲 씨와 釋迦를 語함」	대담	『삼천리』 4권 1호	1932. 1
「표현단체 건설여부」	논설	『조선일보』	1932. 1. 3
「평생 못 잊을 상처」	수필	『조선일보』	1932. 1. 8

대상	구분	게재지·출판사	발표
(권두언)		『불교』 92호	1932. 2
「禪과 人生」	논설	『불교』 92호	1932. 2
「佛敎東(지나)漸年代考」	논설	『불교』 92호	1932. 2
「根本으로 軍備撤廢를」	논설	『혜성』 2권 2호	1932. 2
(권두언)	시조	『불교』 93호	1932. 3
「세계종교계의 회고」	논설	『불교』 93호	1932. 3
(권두언)		『회광』 2호	1932. 3
「殘日」	시	『조선일보』	1932. 3. 28
(권두언)	시조	『불교』 94호	1932. 4
「新年度의 佛敎事業은 어떠 할까」	논설	『불교』 94호	1932. 4
「滿洲事變과 日中 佛敎徒의 對峙」	논설	『불교』 94호	1932. 4
「開葛藤」	기타	『불교』 94호	1932. 4
「派爭으로 재분열한 天道敎」	논설	『신동아』 6호	1932. 4
「축사」	기타	『한글』	1932. 4
(권두언)		『불교』 95호	1932. 5
「佛敎 신임 간부에게」	논설	『불교』 95호	1932. 5
「開葛藤」	기타	『불교』 95호	1932. 5
(권두언)	시조	『불교』 96호	1932. 6
「信仰에 대하여」	논설	『불교』 96호	1932. 6
(권두언)		『불교』 97호	1932. 7
「開葛藤」	기타	『불교』 97호	1932. 7
「明沙十里」	시	『삼천리』 4권 7호	1932. 7
「大衆의 信任밧는 人格者가」	설문	『삼천리』 4권 7호	1932. 7
(권두언)		『불교』 98호	1932. 8
「조선불교의 해외발전을 요망함」	논설	『불교』 98호	1932. 8
「開葛藤」	기타	『불교』 98호	1932. 8
(권두언)		『불교』 99호	1932. 9
「교단의 권위를 확립하라」	논설	『불교』 99호	1932. 9

대상	구분	게재지 · 출판사	발표
「閒葛藤」	기타	『불교』 99호	1932. 9
(권두언)		『불교』 100호	1932. 10
「海印寺 巡禮記」	수필	『불교』 100호	1932. 10
「佛敎靑年運動에 對하여」	논설	『불교』 100호	1932. 10
「西伯利亞에 移農」	비평	『삼천리』 4권 10호	1932. 10
「月明夜에 一首詩」	회고	『삼천리』 4권 10호	1932. 10
(권두언)		불교』 101 · 102합호	1932. 12
(권두언)		『禪苑』 2호	1932. 2
「禪友에게」	시조	『禪苑』 3호	1932. 8
(권두언)		『불청운동』 7 · 8합호	1932. 10
「고난의 칼날에 서라」	수필	『실생활』 3권 11호	1932. 11
「釋迦의 精神」	대담	『삼천리』 32호	1932. 11
(권두언)	시조	『불교』 103호	1933. 1
「불교사업의 旣定方針을 實行하라」	논설	『불교』 103호	1933. 1
「한글經 印出을 마치고」	기타	『불교』 103호	1933. 1
「새해의 맹세」	기타	『삼천리』 34호	1933. 1
「나의 처세훈」	기타	『신동아』 15호	1933. 1
(권두언)	시조	『불교』 104호	1933. 2
「宗憲發布 記念式을 보고」	논설	『불교』 104호	1933. 2
(권두언)	시조	『불교』 105호	1933. 3
「현대 아메리카의 종교」	논설	『불교』 105호	1933. 3
「달님」 등 3수	시	『동아일보』	1933. 3. 26
(권두언)		『불교』 106호	1933. 4
「교정연구회 창립에 대하여」	논설	『불교』 106호	1933. 4
「한글 맞춤법 통일안의 보급방법」	논설	『한글』 11호	1933. 4
(권두언)	시조	『불교』 107호	1933. 6
「新露西亞의 宗敎運動」	논설	『불교』 107호	1933. 6
(권두언)		『불교』 108호	1933. 7

대상	구분	게재지·출판사	발표
「禪과 自我」	논설	『불교』 108호	1933. 7
(권두언)		『불청운동』 11호	1933. 8
「西伯利亞 거쳐 서울로」	회고	『삼천리』 5권 9호	1933. 9
「明沙十里」	수필	『삼천리』 5권 7호	1933. 9
「자립역행의 정신을 보급시켜라」	기타	『신흥조선』 창간호	1933. 10
「구차한 사랑은 불행을 가져온다」	기타	『중앙』 4호	1934. 2
「당신의 편지」, 「님」	시	『삼천리』 7권 1호	1935. 1
「북대륙의 하룻밤」	수필	『조선일보』	1935. 3. 8~13
「꿈과 근심」	시	『신인문학』 6호	1935. 4
「文字非文字」	기타	『禪苑』 4호	1935. 10
「國寶잠긴 安心寺」	기행문	『삼천리』 제7권 제6호	1935. 7
「우리님」	시	『삼천리』 제7권 제6호	1935. 7
「조선사람의 문화 정도가 진보된 상징」	기타	『조선일보』	1935. 7. 6
「最後의 5분간」	수필	『조광』 창간호	1935. 11
「심우장 漫筆」	수필	『조선일보』	1936. 3(16회)
「봄」	수필	『조선일보』	1936. 3. 17~18
「취직」	수필	『조선일보』	1936. 3. 19~20
「人造人」	수필	『조선일보』	1936. 3. 21~26
「산거」, 「산골 물」	시	『조선일보』	1936. 3. 27
「矛盾」	시	『조선일보』	1936. 3. 28
「쥐(鼠)」	시	『조선일보』	1936. 3. 31
「日出」, 「海村의 夕陽」	시	『조선일보』	1936. 4. 2
「江 배」, 「落花」, 「一莖草」	시	『조선일보』	1936. 4. 3
「파리」, 「모기」, 「半月과 소녀」	시	『조선일보』	1936. 4. 5
「實題」	시조	『삼천리』 74호	1936. 6
「暮鐘最梵 無我境」	기타	『조광』 2권 10호	1936. 10
「손기정선수의 소식을 듣고」	기타	『삼천리』 8권 11호	1936. 11
「萬古에 거륵한 釋迦의 精神」	대담	『삼천리』 8권 11호	1936. 11

대상	구분	게재지·출판사	발표
「菜根譚講義」	논설	『삼천리』 8권 12호	1936. 12
「後悔」	소설	『조선중앙일보』	1936(55회)
「佛教 續刊에 대하여」	논설	『불교』 신제1집	1937. 3
「鐵血美人」	소설	『불교』 신제1~2집	1937. 3~4
「朝鮮佛教 統制案」	논설	『불교』 신제2집	1937. 4
「譯經의 急務」	논설	『불교』 신제3집	1937. 5
「住持選擧에 對하여」	논설	『불교』 신제4집	1937. 6
「尋牛莊說」	수필	『불교』 신제4집	1937. 6
「禪外禪」	논설	『불교』 신제5집	1937. 7
「氷壺」	기타	『조선일보』	1937. 7. 20
「精進」	수필	『불교』 신제6집	1937. 8
「戒言」	기타	『불교』 신제7집	1937. 10
「제논의 飛矢不動論과 僧肇의 物不遷論」	논설	『불교』 신제8집	1937.11
「山莊寸墨」	수필	『불교』 신7~10집, 13~15집	1937. 10~1938. 2 1938. 6~9
「尋牛莊」	시조	『불교』 신제9집	1937. 12
「조선불교에 대한 과거 1년의 회고와 신년의 전망」	논설	『불교』 신제9집	1937. 12
「漁翁」	시조	『야담』	1938. 12
「불교청년운동을 復活하라」	논설	『불교』 신10집	1938. 2
「共産主義的 反宗教 理想은 과연 實現될 것인가」	논설	『불교』 신11집	1938. 3
「나치스 獨逸의 宗教」	논설	『불교』 신12집	1938. 5
「反宗教運動의 批判」	논설	『삼천리』 10권 5호	1938. 5
「佛教와 孝行」	논설	『불교』 신13집	1938. 6
「忍耐」	논설	『불교』 신14집	1938. 7
「三本山會議를 展望함」	논설	『불교』 신15집	1938. 9
「總本山 創設에 대한 再認識」	논설	『불교』 신17집	1938. 11
「나의 感想과 希望」	기타	『批判』 68호	1938. 12
「薄明」	소설	『조선일보』	1938. 5. 1 ~ 1939. 3. 12

대상	구분	게재지·출판사	발표
「삼국지」(소설)	번역	『조선일보』	1939. 11. 1~ 1940. 8. 11
(권두언)		『금강저』 23호	1939. 1
「回甲날의 즉흥」	한시	청량사(서울)	1939. 7. 12(음)
「불교의 과거와 미래」	논설	『불교』 신20집	1940. 1
「維摩詰小說經 講義」	번역	『불교』 신21집, 23집	1940. 2. 5
「신문 廢刊」	한시	『조선일보』	1940. 8
『鏡虛集』의 序	기타	중앙선원	1943. 3

ㄱ

ㄴ

ㅅ

ㅇ

ㅈ

ㅊ

ㅌ

ㅍ

ㅎ

전인적인 독립운동가 한용운

1판 1쇄 인쇄 2015년 12월 10일
1판 1쇄 발행 2015년 12월 20일

글쓴이 김광식
기 획 독립기념관 한국독립운동사연구소
펴낸이 윤주경
펴낸곳 역사공간
주소: 서울특별시 마포구 동교로 142-11 플러스빌딩 3층
전화: 02-725-8806, 팩스: 02-725-8801
E-mail: jhs8807@hanmail.net
등록: 2003년 7월 22일 제6-510호

ISBN 979-11-5707-072-5 03900

• 잘못된 책은 바꿔 드립니다.
• 이 도서의 국립중앙도서관 출판예정도서목록(CIP)은 서지정보유통지원시스템 홈페이지(http://seoji.nl.go.kr)와 국가자료공동목록시스템(http://www.nl.go.kr/kolisnet)에서 이용하실 수 있습니다.(CIP제어번호: CIP2015034936)

역사공간이 펴내는 '한국의 독립운동가들'

독립기념관은 독립운동사 대중화를 위해 향후 10년간 100명의 독립운동가를 선정하여,
그들의 삶과 자취를 조명하는 열전을 기획하고 있다.

001 근대화의 선각자 – 최광옥의 삶과 위대한 유산
002 대한제국군에서 한국광복군까지 – 황학수의 독립운동
003 대륙에 남긴 꿈 – 김원봉의 항일역정과 삶
004 중도의 길을 걸은 신민족주의자 – 안재홍의 생각과 삶
005 서간도 독립군의 개척자 – 이상룡의 독립정신
006 고종 황제의 마지막 특사 – 이준의 구국운동
007 민중과 함께 한 조선의 간디 – 조만식의 민족운동
008 봉오동·청산리 전투의 영웅 – 홍범도의 독립전쟁
009 유림 의병의 선도자 – 유인석
010 시베리아 한인민족운동의 대부 – 최재형
011 기독교 민족운동의 영원한 지도자 – 이승훈
012 자유를 위해 투쟁한 아나키스트 – 이회영
013 간도 민족독립운동의 지도자 – 김약연
014 대한민국 임시정부의 민족혁명가 – 윤기섭
015 서북을 호령한 여성독립운동가 – 조신성
016 독립운동 자금의 젖줄 – 안희제
017 3·1운동의 얼 – 유관순
018 대한민국임시정부의 안살림꾼 – 정정화
019 노구를 민족제단에 바친 의열투쟁가 – 강우규
020 미 대륙의 항일무장투쟁론자 – 박용만
021 영원한 대한민국임시정부의 요인 – 김철
022 혁신유림계의 독립운동을 주도한 선각자 – 김창숙
023 시대를 앞서간 민족혁명의 선각자 – 신규식
024 대한민국을 세운 독립운동가 – 이승만
025 한국광복군 총사령 – 지청천
026 독립협회를 창설한 개화·개혁의 선구자 – 서재필
027 만주 항일무장투쟁의 신화 – 김좌진
028 일왕을 겨눈 독립투사 – 이봉창
029 만주지역 통합운동의 주역 – 김동삼
030 소년운동을 민족운동으로 승화시킨 – 방정환
031 의열투쟁의 선구자 – 전명운
032 대종교와 대한민국임시정부 – 조완구
033 재미한인 독립운동의 표상 – 김호
034 천도교에서 민족지도자의 길을 간 – 손병희
035 계몽운동에서 무장투쟁까지의 선도자 – 양기탁
036 무궁화 사랑으로 삼천리를 수놓은 – 남궁억
037 대한 선비의 표상 – 최익현
038 희고 흰 저 천 길 물 속에 – 김도현
039 불멸의 민족혼 되살려 낸 역사가 – 박은식
040 독립과 민족해방의 철학사상가 – 김중건
041 실천적인 민족주의 역사가 – 장도빈
042 잊혀진 미주 한인사회의 대들보 – 이대위
043 독립군을 기르고 광복군을 조직한 군사전문가 – 조성환
044 우리말·우리역사 보급의 거목 – 이윤재
045 의열단·민족혁명당·조선의용대의 영혼 – 윤세주
046 한국의 독립운동을 도운 영국 언론인 – 배설
047 자유의 불꽃을 목숨으로 피운 – 윤봉길
048 한국 항일여성운동계의 대모 – 김마리아
049 극일에서 분단을 넘은 박애주의자 – 박열
050 영원한 자유인을 추구한 민족해방운동가 – 신채호

051 독립전쟁론의 선구자 광복회 총사령 – 박상진

052 민족의 독립과 통합에 바친 삶 – 김규식

053 '조선심'을 주창한 민족사학자 – 문일평

054 겨레의 시민사회운동가 – 이상재

055 한글에 빛을 밝힌 어문민족주의자 – 주시경

056 대한제국의 마지막 숨결 – 민영환

057 좌우의 벽을 뛰어넘은 독립운동가 – 신익희

058 임시정부와 흥사단을 이끈 독립운동계의 재상 – 차리석

059 대한민국임시정부의 초대 국무총리 – 이동휘

060 청렴결백한 대한민국 임시정부의 지킴이 – 이시영

061 자유독립을 위한 밀알 – 신석구

062 전인적인 독립운동가 – 한용운